まるごと小学校2年生学級担任BOOK 増補新装版

奥田靖二【編著】

いかだ社

増補新装版によせて
「小学校担任必携辞典」として

　『まるごと小学校〇年生学級担任BOOK』シリーズ全6巻は、最初の1年生編を出版以来、多くの人たちにご活用いただきましたが、このたび各巻に「若い先生たちへのアドバイス」を加え、増補新装版として再出版することにしました。

わかりやすく
　このシリーズは、近年増えている若い先生方に特におすすめしたい内容で、学級づくり・授業づくり・保護者への対応をふくめ「教育、教師という仕事とは」を、わかりやすく述べたつもりです。

すぐ活用できる資料も加えて
　そして学年を問わず学級ですぐ活用できる内容となるよう配慮しました。
　ですから、このシリーズの1年生編から6年生編まで通してお読みくださると、トータルにその内容を学んでいただけると思います。

　「小学校担任必携辞典」としてみなさんの本棚に常備していただけると、「ちょっと何かおもしろい教材はないかな」という時にお役に立つでしょう。

　　　　　　　　　　　　　　2009年1月　　奥田靖二

目次

増補新装版によせて●「小学校担任必携辞典」として 2

はじめに 7
学級を支える「3本の柱」9

子どもたちのヒトミが輝く学習の工夫 11

漢字あそび　楽しい国語 12
　❶漢字づくりカルタ
　❷漢字合体ゲーム
　❸漢字競争
名前の字，見っけ競争　楽しい国語 14
「さ」はいくつある？　楽しい国語 15

◆正しく，美しく書くことをはげまそう 17
◆まちがいやすい字も，きちんと教えよう 18

オリジナル書きぞめをつくろう　楽しい硬筆書き方 21
童書のすすめ　楽しい国語 24
作文好きな子をふやそう　楽しい国語 27

◆視写のすすめ 35
◆楽しく詩を書こう 36
♥先生へのアドバイス♥
子どもたちの感じる心，驚きの心を大切に 37

九九の勉強　楽しい算数 39
文章題をわかりやすく　楽しい算数 41

◆ノートはわかりやすく，きちんと書こう　42
◆わかりやすく図示できる力を　43

　　どくへびあそび　楽しい体育　44
　　バトルロイヤル　楽しい体育　45
　　台上前転に挑戦　楽しい体育　46
　　ペタンクあそびをしよう　楽しい体育　48
　　紙版画をつくろう　楽しい図工　50
　　連羽づるをおろう　楽しい図工　52
　　展覧会をひらこう　楽しい図工　53
　　おもしろお面をつくろう　楽しい図工　55
　　楽しいことを絵にかこう　楽しい図工　56
　　ザリッチョくんの立体はり絵　楽しい図工　57
　　「まねっこ絵」を楽しむ（模写）楽しい図工　58

♥先生へのアドバイス♥　つくってあそぶ楽しさを　60

　　食べものつきで，お散歩　楽しい生活科　61
　　学校まわりの地図をつくろう　楽しい生活科　62
　　駅を見学，バスにも乗ろう　楽しい生活科　64
　　うめジュースやうめぼしをつくろう！　楽しい生活科　66
　　遠足で水あそび　楽しい生活科　68

◆昔のあそびに挑戦　69

　　おイモまつり　楽しい生活科　72
　　子どもまつりをつくろう　楽しい生活科　77

♥先生へのアドバイス♥
あそびをとおして，活発な子ども時代を　85

「いじめ」を出さない学級づくり　87

- 2年生でも「いじめ」の芽はある　88
- 三者ですばやい対応を　90
- 「いじめ」を許さない授業にとりくむ　92

♥先生へのアドバイス♥
「いじめ」克服に力をいれる学級づくりを　98

学級通信を活かした学級づくり 授業づくり　101

- 楽しい学級通信づくりのノーハウ　102
- 第1号や節目の号は力を入れて　105
- 思いや願いを紙面に　106
- おわかれ号には感情こめて　107
- 新聞記事などを取り入れて　108
- カットを活かして　109
- 授業づくりに活かす　110
- 担任の情報も紙面に　113
- 学級づくりに活かす　114
- みんなでやろう「花クイズ」　115
- 「鳥クイズ」もやってみよう　116
- 家族とあそぶ冬休み　117

楽しい行事づくり　119

　学習発表会　紙芝居，群読と合唱の発表　120
　学芸会　集団創作演劇「花咲き高尾山」　128

♥先生へのアドバイス♥　行事に表現の楽しさを　132

学年PTAの活動を楽しく　135

　お母さんがつくった学年新聞　136
　気軽に語れる保護者会づくり　139

♥先生へのアドバイス♥　保護者会を楽しく　145

ラストアドバイス　147

増補編

　若い先生たちへのアドバイス　152
　すぐ役立つ資料集　154
　ぞうさんのパーティ参加は？──「マジックドア」のあそび方　155
　消えたケーキはどこへ？　160
　7（セブン）パズルカードで算数あそび　162
　くみ紙ヘリコプターとクルクルうさぎをつくろう　164
　花咲き高尾山　165

はじめに

2年生の担任はラクか？

　一般に2年生の担任は比較的，楽と思われているようですが，本来，学年によって軽重があるわけではありません。
　2年生の子どもたちは，少年・少女期のエネルギーがいっぱいにあふれ出す時期です。また，創造性，独創性の芽も伸びはじめます。
　担任の先生がそれらを大きく伸ばし，子どもたちの生き生きとした成長を援助していくためには，工夫と，子どもたちに負けぬエネルギーが必要です。

勉強大好きの子どもたち

　このように「伸びよう」とする子どもたちは，好奇心も探求心もいっぱいです。
　ところが，2年生の時期は，算数を例にとると「くり下がり」や「九九」という大きなハードルがあります。ここでひっかかったら，3年生からあと，ずーっと苦しむことになってしまいます。その「ツケ」は，勉強ぎらいや「落ちこぼれ」（本当は落ちこぼし）としてまわってきます。
　この時期に「勉強っておもしろいんだなァ」「ボクだって，わかる」という喜びを子どもたちに持ってもらうことは，とりわけ重要です（もちろん他の学年もですが）。

楽しい学級が，学校大好きに

　いくら勉強が大事といっても，「将来，こまらぬようにしっかり！」と，がんばらせるだけでは，逆効果を生むことにもなりかねません。
　やはり「楽しく学ぶ」ことこそ，本当に学力が身につく基本でなければな

らないでしょう。教師だって，押しつけの「勉強」や「研究」が身につくものでないことは，みずからの体験でおわかりのはずです。

子どもたちのエネルギーを活かしてこそ

　子どもたちの湧き出るエネルギーをうまく活かして「学級づくり」「行事」などにとりくみ，日々の学習のなかにも，活気ある工夫が必要だと思います。

　「楽な2年生担任」を「楽」にこなしてしまうのではなく，私たち自身も工夫や創意を発揮して，とりくんでみましょう。

　この本には，私の経験をふまえ，また，2年生担任の先生方のとりくみも合わせて，いくつかのヒントを紹介しました。

　子どもたちのはじけるような，伸びようとする芽をつまないように，私たちも努力したいものです。

私たち自身が学ぶ姿勢を失わずに

　いちばん重要なのは，担任の姿勢です。私たち自身が日々学ぶ，工夫する，創造するといった姿勢を失わないことではないでしょうか。

　近年，「新しい荒れ」「不登校」「いじめ」などの変化が低学年の子どもたちのなかにすら起きて，教師たちからも「疲れる」ということばがよく聞かれるようになっています。

　教師たちの疲れは，学級づくりや学習指導がうまくいかないことに起因しています。先生たちが生き生き，はつらつとしている学級からは「ああ，疲れた」のもとは生じないはずです。

　そのために，私たち自身も「楽しく」学び，「教師としての喜び」を感じられるよう，つねに学びあっていこうではありませんか。

学級を支える「3本の柱」

楽しい学級

行事づくり　学習の工夫　学級づくり

　この本では、この3本柱を中心に、保護者のみなさんと力を合わせる関係づくりや、「学級だより」の工夫、「いじめ」を低学年のうちに克服するとりくみなどもとりあげました。
　また、3本柱の上に「楽しい学級」があってこそ、子どもたちの身につき、生きてきます。
　そこで、「楽しさ」を創造する「あそび」や「あそび的な学習」もいくつか紹介しましたので、参考にしてくだされればさいわいです。

奥田靖二

※「あそび」について、よりくわしく知りたい方は、「遊び・ゲーム　ワンダーランド」「手品＆マジック　ワンダーランド」に多くのとりくみを紹介してあります。
　また、「まるごと小学校1年生学級担任BOOK」も合わせてお読みいただくことをお奨めします。（いずれも奥田・編著、いかだ社刊です。）

子どもたちのヒトミが輝く学習の工夫

子どもたちにとって、学校はなんと言っても楽しいところです。その大部分を占める学習活動が楽しくなければ、子どもたちは大変です。

1人ひとりがよくわかり、わかることの喜びが明日につながる……そんな学習活動が創りだせたら、教師にとっても楽しいことです。

ここのところをよーく見てやってね。

うん！

漢字あそび
楽しい国語

①漢字づくりカルタ

へん　イ シ 木 禾 彳 扌 糸　……など

つくり　毎 丁 寸 火 会 丁　……など

　画用紙で「へん」のカードと「つくり」のカードをつくる。

　「へん担当」と「つくり担当」の2人で1グループとして，子どもたちをいくつかのグループに分ける。

　カードをカルタのように床にまく。

　カードをとりあって，「へん」と「つくり」でひとつの漢字を完成させれば，そのグループの得点！

★体育館などの広い場所で「買い物競争」のルールでやってもおもしろいです。

子どもたちのヒトミが輝く学習の工夫

②漢字合体ゲーム

　画用紙に書いた漢字を，図のように切り離し，バラバラにまぜる。

　①と同じルールでカードを合体させ，漢字のできた組が得点！

③漢字競争

では，つぎの「へん」のつく字を，3分間で，できるだけたくさん書いてください。

さんずいへん！

スタート！

「海」でしょ。「油」っていう字も知ってるわ。

えーっと。

他にも，つぎのような問題で競争してみましょう。
「植物に関係ある漢字は？」（草，花，木など）
「食べものに関係ある漢字は？ 食べたり飲んだりできるものなら，なんでもいいよ」（水，魚，肉など）

鯉，おさかなの「こい」って読むんだよ。

ほうれん草の草でもいいの？

アメっていう字，あるの？

「このクラスのお友だちの名前にある漢字は？」

「山」「本」くん，「川」「村」さん……
「ひろし」くんって漢字じゃどう書くの？

名前の字、見っけ競争
楽しい国語

子どもたちのヒトミが輝く学習の工夫

> 各班に1枚ずつ，新聞紙をあげます。

> この中から，班の人の名前にある字を見つけてください。

> 見つけたら，色エンピツで○をつけてね。

> 漢字でも，ひらがな，カタカナ，なんでもいいよ。

> ここに「川」の字がある。

> 裏も見ていいの？

　各自に1枚の新聞紙でもいいでしょう。

　また，探す字を「八王子市立第一小学校」「おくだやすじせんせい」（これはひらがなで）など，共通の課題でやってもいいでしょう。

> はい，3班が1番。ちゃんと探したかな？

> ぼく，「ほりごめしょうじろう」だから，大変だよ。

> えーっと，ほ，ほ，「ほ」の字は……

「さ」はいくつある？
楽しい国語

これから，楽しいお話をします。お話が終わったら「問題」を出すので，よーく聞いていてね。

お話を読みあげます。

> さらさら さらさら、さとうのような こなゆきです。
> 「さむい さむい」と、いいながら、さるの おやこが、さびしい やまおくの さるの うちで ねていました。
> さく さく さく………と、ゆきを ふんで、さるの うちへ だれか きました。
> 「さるや さるや、さあ、とをあけて でて おいで」と、きた ひとは いいました。
> 「さあーて、だれだろう」「さっぱり わからない」と、さるたちは ささやきました。
> 「さっさと おいで、さんたくろーずの おじいさんだよ。さびしかろうと おもったから、さがして ここまで きたんだよ。さんたくろーずの おくりものを、さあ どうぞ……」と、さんたくろーずは いいました。
> 「さんきゅう さんきゅう」と、うれしがって、さるたちは さわぎました。
> さんたくろーずの おじいさんを ざしきへ あげて、さるの ごちそうを だしました。
> 「さるざけも さしあげよう」と、さるの おどりや、さかだちも して みせましたとさ。

★平塚武二童話全集②
「いろはのいそっぷ」（童心社）より

さて，いまのお話の中に「さ」はいくつ出てきたでしょうか？

えーっ！ そんなの，いっぱいでわかんないよ！

50こくらいかな？

100こ？

子どもたちのヒトミが輝く学習の工夫

そりゃー，むりですね。
では，もう一度読みますから，
こんどは指で数えても，紙に
書いてもいいから，
数えてくださいね。
「正」って書いて
数えるやり方
知ってる？
えーっと。
また「さ」が
出た。
さあ，いくつでしたか？
(答えがかなりバラバラだったら)
よーし，じゃあ，もう１回だ
けやりましょう！
あんまり声を出すと，「さ」を
聞きもらすから
気をつけてね。
やっぱり書いた
ほうがいいや。
今度こそちゃん
と数えるぞ。

正しく，美しく書くことを はげまそう

この松田奈穂さん（小学2年生）の作文の文字をご覧ください。とても整った字で，ていねいに書いています。もちろん内容もすばらしいものです。

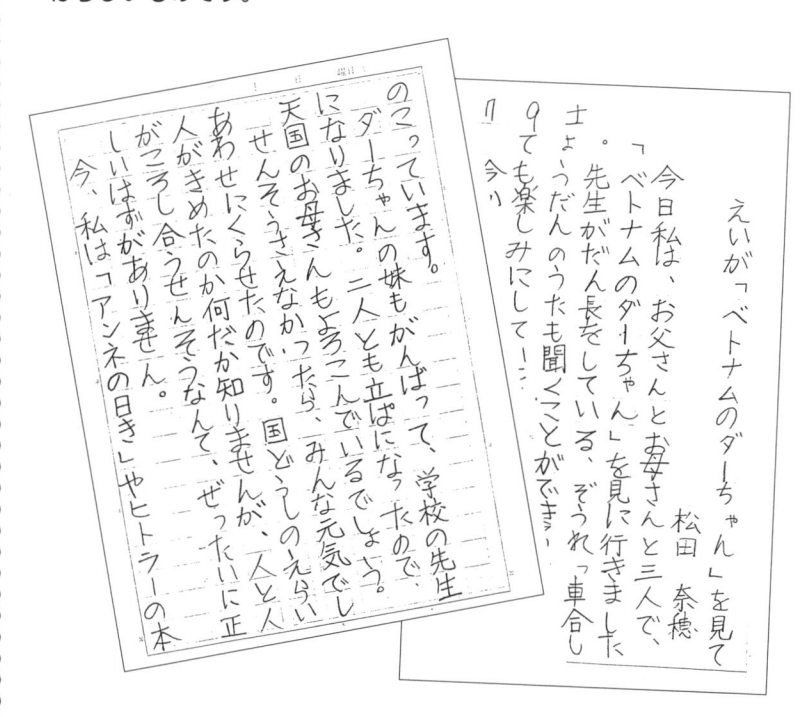

えいが「ベトナムのダーちゃん」を見て

　　　　　　　松田　奈穂

今日私は、お父さんとお母さんと三人で、「ベトナムのダーちゃん」を見に行きました。先生がだん長をしている、ぞう列「車合しょうだん」のうたも聞くことができ、今日、とても楽しみにして……

のこっています。ダーちゃんの妹もがんばって、学校の先生になりました。二人とも立ぱになったので、天国のお母さんもようこんでいるでしょう。あわせにくらせたのかなど何だか知りませんが、みんな元気でしせんそうきえなかったら、国どうしのえらい人がきめたので、人と人がころし合うなんて、ぜったいに正しいはずがあり来せん。今、私は「アンネの日き」やヒトラーの本

先生自身も，板書や子どものノートへの短文など，ていねいに，もちろん正しく書くように心がけましょう。
　（ペン習字の練習はいかが……子どもたちと同じテキスト，練習ノートでやってみましょう。）

まちがいやすい字も，きちんと教えよう

　先生の中にも，板書などで，ちょっとあやふやな，いや，誤った字を書いている人がいるようです。
　１，２年生の初期から正しい文字を教えるように，先生自身，気をつけたいものです。

まちがいやすい字にちゅういして書こう
………ひらがな………

か ゛はちいさく
まがるのはまん中の
せんのところから出ない

が
（まちがい）

か

が

ふ えんぴつのむきをかえる
（まちがい）

ふ ３にちょんちょんじゃだめだよ
（まちがい）

の はねる
いちどはねてぐるっとまるくなっちゃダメ

の

お とめる
はねる

お ここも
まるくなっちゃダメ

あ

お

わ

れ たてぼうはまん中よりすこし左

ね

は ほ よ どれもまるくならないでね

よ ちょっと まるを よこにつぶしたかたち

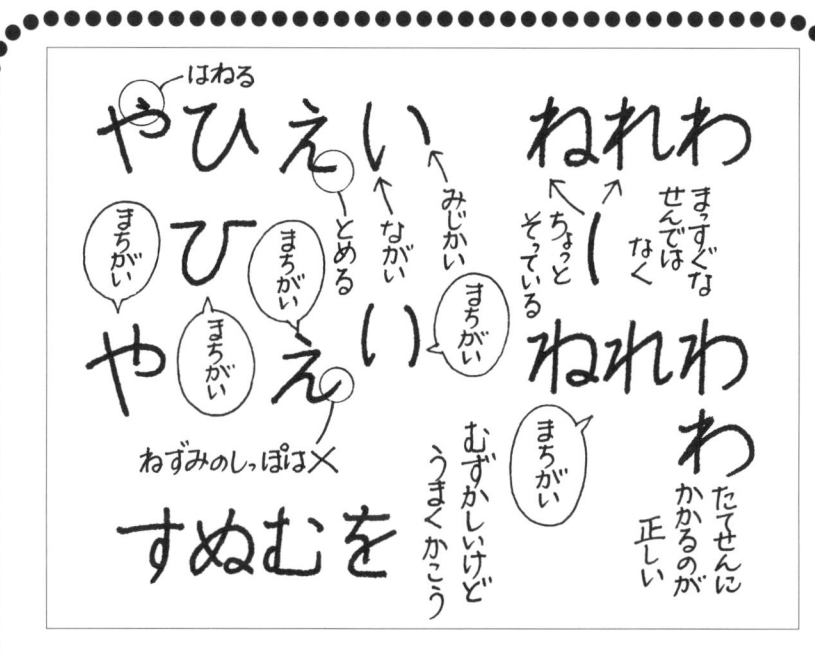

子どもたちのヒトミが輝く学習の工夫

————— カタカナ —————

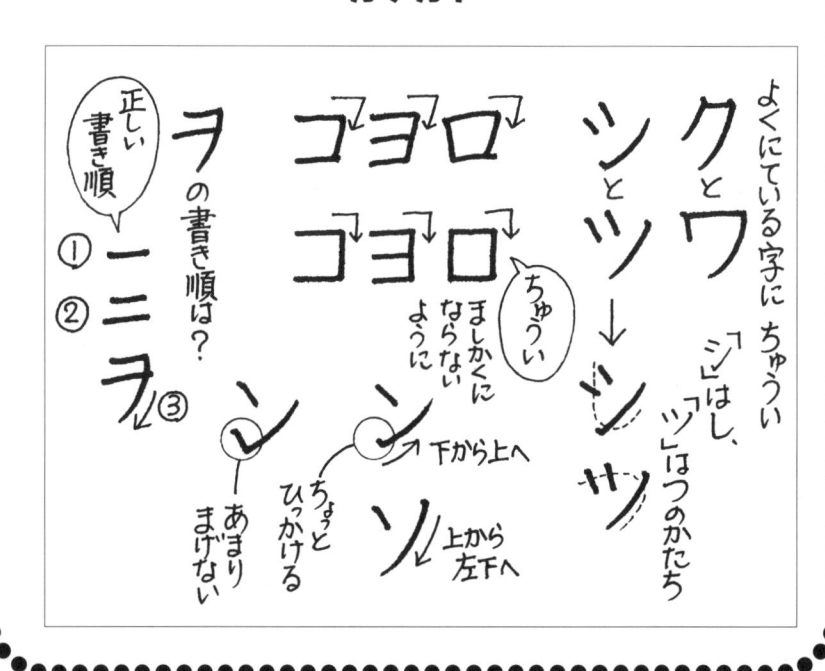

かん字

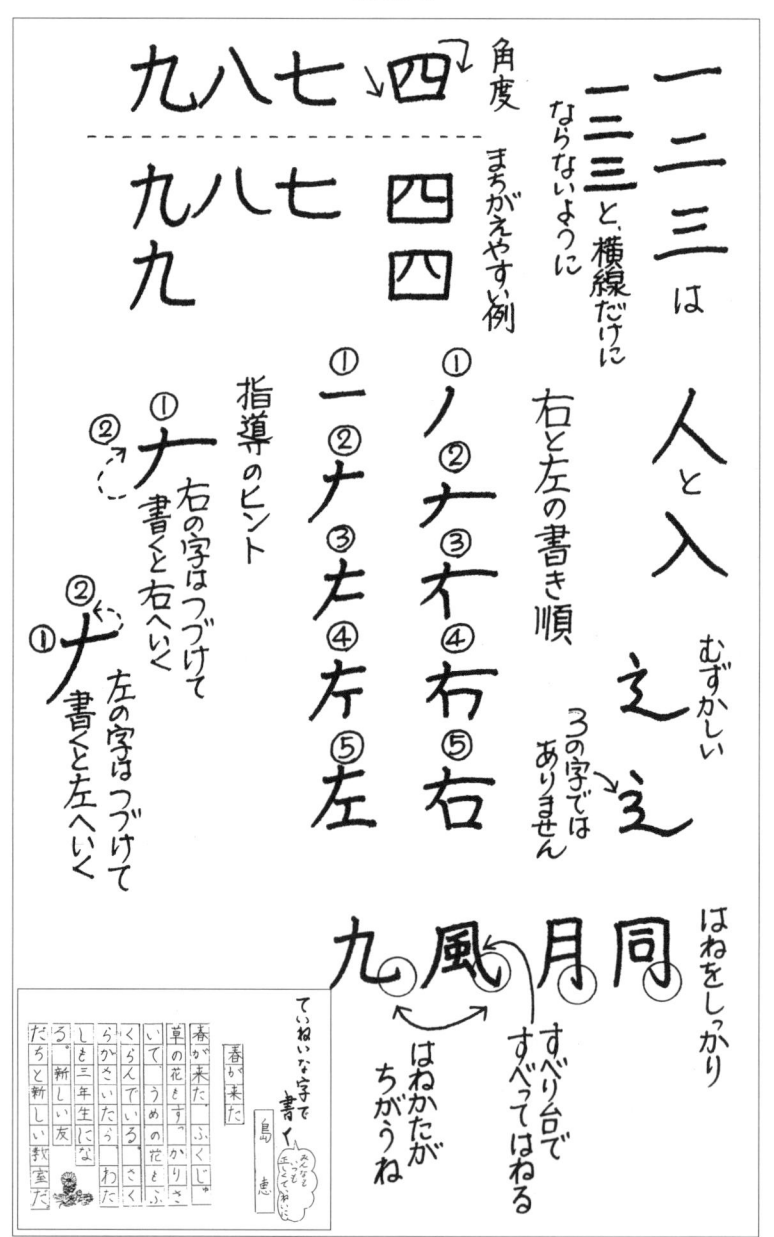

一二三は 人と 入

一二三と、横線だけにならないように 角度

まちがえやすい例
四 七 八 九
四 七 八 九

右と左の書き順
3の字ではありません

① ノ ② 大 ③ 木 ④ 右 ⑤ 右
① 一 ② ナ ③ 左 ④ 左 ⑤ 左

指導のヒント

① ナ ② ナ
右の字はつづけて書くと右へいく

② ナ ① ナ
左の字はつづけて書くと左へいく

むずかしい
之 之

はねをしっかり
同

すべり台ですべってはねる
月

はねかたがちがうね
風

九

ていねいな字で書く

子どもたちのヒトミが輝く学習の工夫

20

オリジナル書きぞめをつくろう
楽しい硬筆書き方

　書き方の指導は，えてして「練習」的なおもしろくないものになりがちです。

文字を美しく書くことは　すばらしい

子どもたちのヒトミが輝く学習の工夫

　まずエンピツの持ち方は，2年生までになおしておきたいものですね。

　とくにおかしな持ち方をしている子は，手をとって教えてあげましょう。

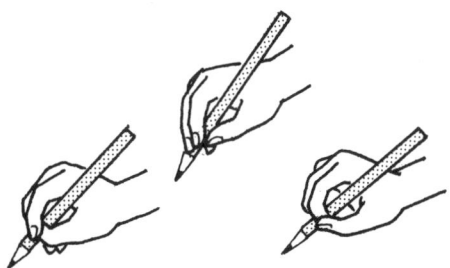

先生にもへんな持ち方の人がいるからご注意。

エンピツをへんに持っている子はいないかな？

子どもたちのヒトミが輝く学習の工夫

お手本

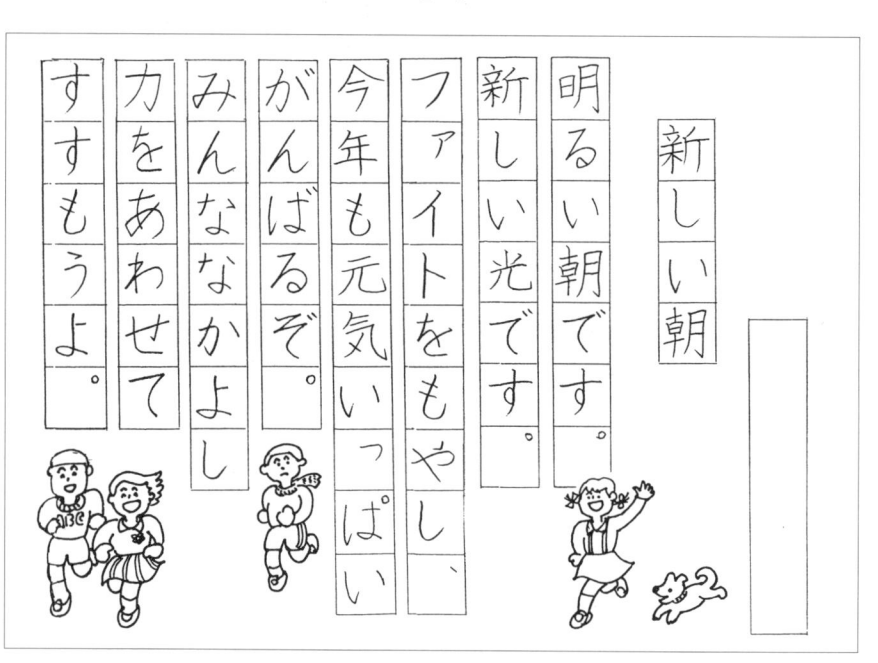

新しい朝

明るい朝です。
新しい光です。
ファイトをもやし、
今年も元気いっぱい
がんばるぞ。
みんななかよし
力をあわせて
すすもうよ。

子ども用

「お手本」を子どもの人数分，印刷する。
練習のため，「子ども用」をわら半紙などにたくさん印刷する。
清書用に，クリーム色などの着色用紙にも印刷しておく。

　まず「練習用紙」を子どもたちに1人あて数枚配って，練習。
　清書のために「清書用紙」を配り，2Bや「かきかたえんぴつ」で書く。
　カットにも色エンピツで着色する。
　展示する時は，紺色などの台紙の上にはると，見栄えがする。

子どもたちのヒトミが輝く学習の工夫

●●● 練習の字もはげまして ●●●

ていねいに書けた「練習用」は縮小コピーして学級だよりに載せ，他の子をはげまします。

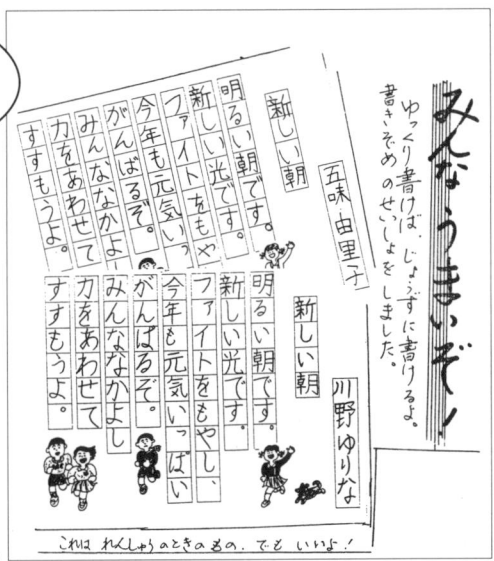

みんなうまいぞ！

ゆっくり書けば，じょうずに書けるよ。
書きぞめのせいしょをしました。

これは　れんしゅうのときのもの。でも　いいよ！

お手本を折り曲げて，すぐ横に並べて書くといいよ。

23

童書のすすめ
楽しい国語

童書とは？

子どもたちのヒトミが輝く学習の工夫

　２年生の書き方（書字）は，硬筆習字ですが，３年生の毛筆習字をまえに，童書（どうしょ）にとりくんでみてはいかがでしょうか。

　童書は文字どおり童（わらべ）の書。現代の書家にも「童書にはかなわない」と，その無心の書を評価する人もいるほどです。

　まずは，童書の作例をご覧ください。

１年生の作品

１年生の綾ちゃんの作品

私の名前，漢字で書けた！

　上の「書」は１年生の作品ですが，２年生では，３年からの毛筆習字の導入としてあつかってみましょう。

書く前に

用意するものは，
- 墨液，墨液容器（茶碗など少し丸みのあるもの）
- 太筆，細筆
- 和紙（版画用和紙がしっかりして書きやすい。習字用紙でもよい）

だけです。

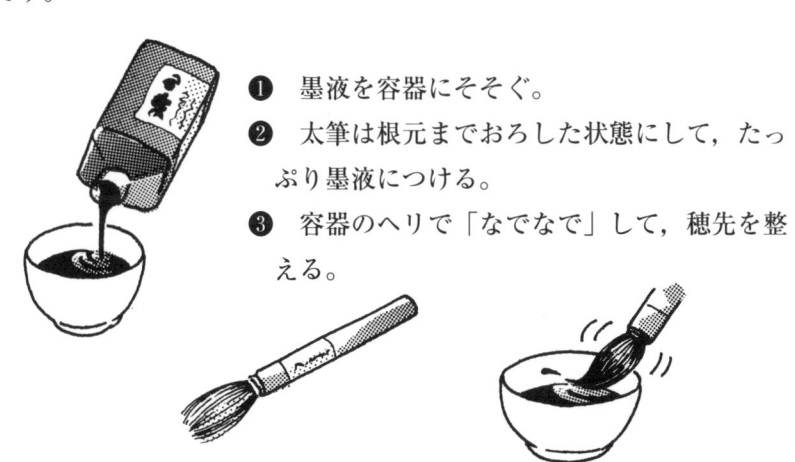

① 墨液を容器にそそぐ。
② 太筆は根元までおろした状態にして，たっぷり墨液につける。
③ 容器のヘリで「なでなで」して，穂先を整える。

書く文字は自由

① ひらがななら2字〜3字，漢字なら1字か2字の範囲で，子どもたちが自分の好きな文章，文字を決める。（教師が例を示してもよい。）
② 大小，好きな大きさの和紙を選ばせる。
③ 1人ずつ教師の横の席に呼び，筆をわたして書いてもらう。（各グループに1セット用意してもよい。）
④ 細筆で，自分の名前をサインする（名だけ）。

落款（らっかん）も入れて

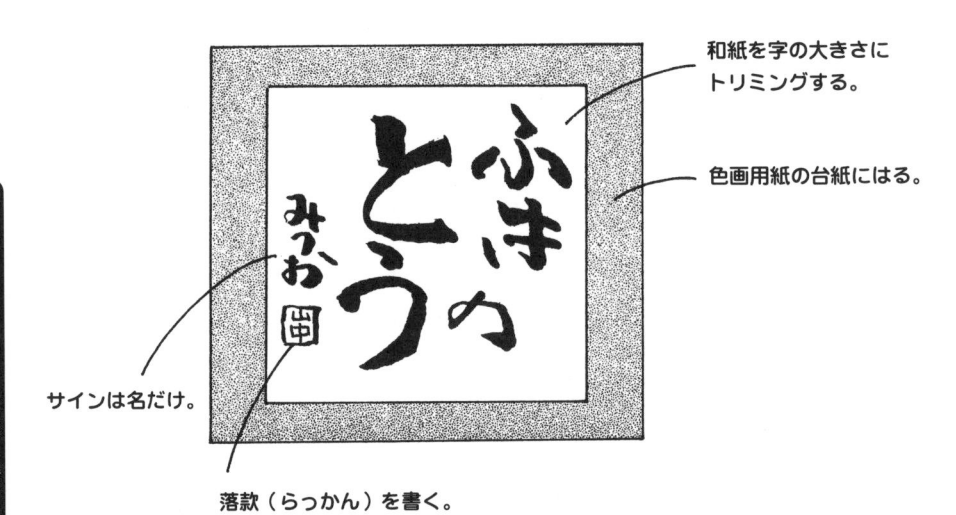

- 和紙を字の大きさにトリミングする。
- 色画用紙の台紙にはる。
- サインは名だけ。
- 落款（らっかん）を書く。

枠だけのスタンプを用意しておき，紙に赤のインクで押す（朱肉でもよい）。子どもたちは，その中に姓を赤エンピツで書き入れる。姓名両方書いてもよい。

⑤　できあがり

２枚とも２年生の作品。

子どもたちのヒトミが輝く学習の工夫

作文好きな子をふやそう
楽しい国語

子どもたちのヒトミが輝く学習の工夫

　1年の「せんせいあのね」など絵日記風作文をふまえ，「はじめに」「つぎに」「〜しました」という文章の基本的な組み立てを重視したスタンダードな「作文指導」もありますが，かんじんなのは「作文の好きな子にする」ことです。

　そのためには，子どもたち自身の生活をどう感じさせ，気づかせるか，それを文章としてどう評価し，はげますかが大事であると思います。

> ここのところ，いいねえ！

作文ノートではげます

　「今日は作文を書きます」と言って原稿用紙をわたす指導よりも，各自に作文ノートを持たせ，任意に書かせるほうが効果的です。

　見てあげるのが大変な場合は，ノートを提出する日を班ごとに分けて，「1班は月曜日」「2班は火曜日」……というふうにするとよいでしょう。

　「提出は自由」にします。

> 明日は3班の人，ノートを出してね。

指導の例

提出自由にしますと、ほとんど出さない子が出ますが、強制はしません。

❶ 提出した子の作文（よい作品でなくともよい）を読み上げて、出していない子に提出をうながす。
（「○○くんも出しなさい」と強制するのではなく。）

❷ 作文には、短くてもいいから、かならずひとこと記入する。
　ノートの数によっては少し大変になりますが、子どもたちに書く意欲をもたせるとりくみになります。

❸ 学級だよりや1枚文集にまとめ、子どもたちに紹介する。
　そのまま縮小コピーして載せます。もちろん作者の了解をとります。
　指導の教材としても使います。

❹ 「作文のタネみつけ」などのとりくみをして、どんなことが作文のタネになるかの、実例を示す。
　学校内で「バッタを見つけた」「コスモスの花が咲いていた」など、発見させましょう。

ていねいな書き込みを

「こうすれば，作文がうまく書けるよ」と，子どもたちの作品（または教師自身が書いたもの）を使って教材化します。

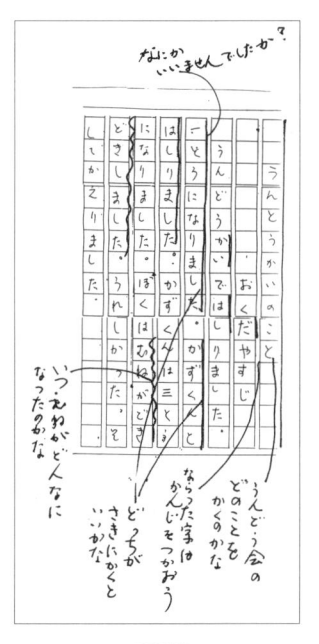

子どもたちの作文の余白に〜〜〜や◎◎◎といった印をつけて，ほめたりアドバイスしたりします。

欄外に

👁 （よく見ているね）

♥ （気持ちが書けているね）

👄 （お話ししたことを書くといいね）

などの約束サインを入れるのもいいでしょう。

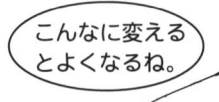

> なにかいいませんでしたか？
> うんどう会のどのことをかくのかな
> ならった字はかんじをつかおう
> どっちがさきにかくといいかな
> いっしょうけんめいがどんなになったのかな

> もっとなおすと，いい作文になりますね。
> あなたなら，どう書きますか？
> こんなに変えるとよくなるね。
> かずくんもなにかいったんじゃないの？
> ならんでまっているときの気もちもかくといいね。

子どもたちのヒトミが輝く学習の工夫

29

よく見て書く

これから先生のやることをよく見て，見たとおり書いてください。

以下は，私の得意とするマジックを利用した例です。

❶ 「トントン」と教室のドアを叩き，教室にはいってくる。
❷ 教卓の前に来て，「今日はみなさんに手品をしましょう」と言う。
❸ ポケットから赤いシルクのハンカチを取り出す。
❹ もう1枚，緑のハンカチを取り出し，そのハンカチで赤いハンカチを包み込む。
❺ 緑のハンカチをパッと開くと，赤いハンカチが消えている。

はい，ここまで先生がやって見せたことを，見たまま作文にしてください。

かんたんに書けるよ。

えーっと，最初に赤いハンカチを……

先生のてじな
　　　　　山本麻衣

「トントン」
先生がドアをノックしてきょうしつに入ってきました。
「きょうは，手品をします。」
といって，先生がむねポケットから赤いハンカチを出しました。
……

子どもたちのヒトミが輝く学習の工夫

いちばん長い作文をかこう

夏休みの課題のひとつに「いちばんながーい作文を書こう」というものを出しました。

> いままで，原稿用紙（300字詰）1枚しか書けなかった人は2枚以上，3枚の人は4枚以上ね。

9月になると，どどんと子どもたちの作文が積み上げられました。

「はこだてに行ったこと」千明さん35枚，「夏休みの思い出」敏行くん32枚，「夏休みの思い出」直子さん26枚，「鹿児島」よし彦くん23枚，「八ヶ岳りょこう」まいさん15枚……

全部で350枚。クラスは29人ですから，平均12枚あまりということです。すべて読むのに，私も3日がかりになりました。

もちろん，長く書くことだけが目的ではありませんが，長い作文を書いたということで，3〜4枚くらいは「かるーく書ける」という感じになります。

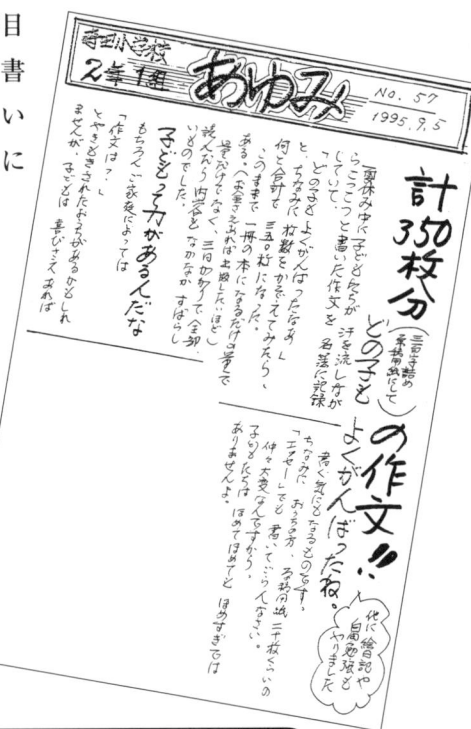

わー，たくさんあるなあ！

子どもたちのヒトミが輝く学習の工夫

ワープロでも書けちゃうよ

菊地くんは，お父さんにワープロの打ち方を教えてもらいました。他にも，何人かがワープロ作文を書いてきました。

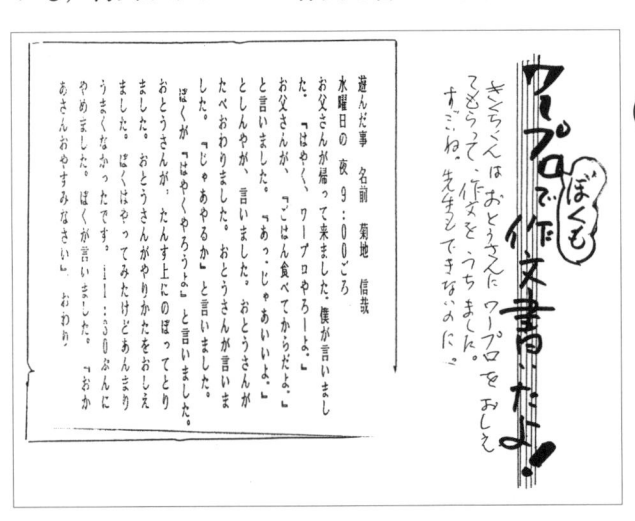

ワープロなんてかんたんかんたん

遊んだ事　名前　菊地　信哉
水曜日の夜 9：00ごろお父さんが帰って来ました。ぼくが言いました。「お父さん，ワープロおしえて。」お父さんが，「ごはん食べてからだよ。」と言いました。「あっ。じゃあいいよ。」食べおわりました。お父さんが言いました。「じゃあやるか」と言いました。ぼくが「たんす上にのぼってとりました。おとうさんがやりかたをおしえました。ぼくはやってみたけどあんまりうまくならなかったです。11：30ぷんにやめました。ぼくが言いました。「おかあさんおやすみなさい。おわり。

生活を見つめる目を育てる

　くるしかったびょう気

　　　　　　　松田　奈穂

火29　くるしくて、くるしくてしかたがないぜんそくのほっさ。なったことがない人はわからないと思うけど、いきをすっても、はいてもくるしい。
11　「ヒューヒュー、ゼーゼー、ジージー」まるでむねの中に虫でもかっているみたいな音がする。ずっときえない音。むねが「ペコン、ペコン」とへっこんで、こきゅうがはやくなる。ねているとよけいにせきが出るから、おふとんをつんで、そこによりかかると少し楽になる。お母さんがせ中をさすってくれる。お水をのませてくれる。だっこしてくれる。きゅう入してもだめ。おらない。
　「早く、せきが止まってほしい。」心の中で、ずっと思っている。何をしてもだめな時は、ほっさ止めのお薬をのむ。おへやの空気を入れかえるため、まどをあける。つめたい空気が入ってくると、またせきが出る。そんなことをしているうちに、夜が明けてしまう。
　学校に入ってからは、あまりほっさがおき

　奈穂さんの作文は、自分の暮らしの中のようすと感じたことを、とてもよく見、感じて表現しています。作文の組み立て方やまとめ方もたくみです。

　右のように、２年生としては、文字もとてもりっぱに書けていますね。

　　生活科見学に行ったこと

　　　　　　　松田　奈穂

金14　今日は生活科見学で、スーパーアルプスのはざま店に行って来ました。ここは、ふだんとよく買いものに来るので知っています。今日はみんなといっしょなので、ちがう気分です。行きは、学校からお店まで歩いて行きました。
　お店につくと、私たちはお肉をパックしているところを見せてもらいました。白いトレーにつくと、

子どもたちのヒトミが輝く学習の工夫

心の成長を反映して

あったこと，したことをずらずら書きならべる作文が書けるようになることも，大事なことです。

でも，じゅんくんの作文は，短いながら，とても惹かれるものがあります。お兄さんとしての，弟への思いやりがあふれていますね。

あつとくんの作文も，友だちへの思いが，とてもよく表現できています。

このような作文を評価しながら，他の子どもたちの目安とさせることも大切です。

おとうとと あそんだ 高はし じゅん

土ようび，おとうととかるたをやった とき。（ぼくとむきになるなんてバカだから，自分のは五まいだけにしてやろう。）と思いました。そして，ぼくがよんで，おとうとより一まい多くとると，おとうとに「うんこたれ」といわれたので。「その，うんこたれのおとうと」と，いいました。
そして，ぼくは五まいとらせてやって，「おめえのかちだ」といっておわりました。

三浦くんが いないと こまる 赤木 あつと

きょう，二年二組のきょうしつを出て，びっくりした。三うらくんが井上先生におこられていた。なんだかわからないけど，井上先生が，一年二組にもどろうとした時，三うらくんが，
「ばあ」
といった。それで井上先生がおこって，三うらくんのいすとつくえをもっていったらしい。心の中で，
（ちょっと，かわいそうだなあ）
と，思った。あとで せきロくんが，「三うら なんて，いっちゃえ」と，いった。その あと，じゅんくんが
「三うらくんが いなきゃ，つまんない」
と，いった。その とき，
（じゅんくんって やさしいんだなあ。）
と，思った。そのあと 井上先生が，
「やさしい！」
と，じゅんくんに ゆびをさして いった。その あと，じゅんくんが つくえをもって，ぼくが，ランドセルをもって，人はた さんがいすをもってきてあげた。それで，井上先生がもう三うらくんのことを ゆるしたから，心の中で，
（よかった）
と思って ほっとした。

視写のすすめ

　作文の書き方を学ぶには，お手本となる文章をそのまま写す「視写」も有効です。
　お手本となる文に，「作文のきまり」の要素を加えて，それを原稿用紙に視写してもらいます。
　要素としては，題字の書き方，名前の書き方，書きだし，段落，かぎかっこ，カタカナなどを盛り込みます。

まねっこなら
かんたんね。

　お手本に，要素を「注」として書き加えてもよいでしょう。

楽しく詩を書こう

「詩」というものを，いくつか子どもの作品や先輩の作品で鑑賞します。

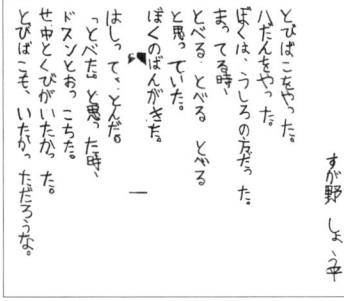

とびばこ　すが野 しょう平

とびばこをやった。
ハードなやった。
ぼくは、うしろの方だった。
まってる時、
とべるか
と思った。
ぼくのばんがきた。
はしって、とんだ。
「とべた」と思った時、
ドスンとおっこちた。
せなくびがいたかった。
とびばこ、いたかった。だろうな。

麦わらぼう子　林 鞍野

麦わらぼう子は
いつも　わたしといっしょ
青い海を見た
貝がらひろい
ジン　白い　むらさき
とっても　きれいだった
麦わらぼう子は
お日さまの光にあたって
わたしの頭の上で
光ってる　こんな
麦わらぼう子
海はこんな
広いんだな
すってるみたい。

短い作文は，詩のような形式に書き直してあげると，「らしく」なります。

●詩のタネを探しに……

身近なものを発見しに外に出たり，詩のタネのみつけっこをしたりします。

せみのがっしょう　上原 千尋

せみがうるさくないでいる
ミーン、ミーン、ミーン、ミーン
ツクツクボーシ、
ツクツクボーシ
ジージージージー
ジージージージー
カラカラカラ
いろんなな鳴き声がきこえる
ウジッ・ウジッ・ウジッ
あっ、またちがう
せみがなきだした

（吹き出し）
「ウジッ・ウジッ・ウジッ
というへんな
なき声に
『えっ　きみは
谷山くんの
えにっきかな
うまく
書いてあるわ』

楽しい詩を紹介して，
やる気を持たせよう。

ぼくにも書けるぞ。

むしば　関根 栄一

むしばの
むしにも
はがあって
そのはも
むしばに
なるのかな
むしばの
むしの
はは
むしばに　なーれ
やーい
はいしゃに
ないて
いけ！

子どもたちのヒトミが輝く学習の工夫

先生へのアドバイス

子どもたちの感じる心，驚きの心を大切に

> 笑う，泣く，驚く，怒る……こうした感情，感性の豊かな子どもになってほしい（もちろん私たち大人も）……なのに，無表情な子や「べつにぃ……」と驚かない子が増えているとは思いませんか？

●センス・オブ・ワンダーのある子どもたちに

　レイチェル・カーソン女史（「沈黙の春」で著名な海洋学者）の最後の著書「センス・オブ・ワンダー」（新潮社）をお読みになられましたか？
　小さな本ですが，書かれてある内容は大きく，大切なことだと思います。ひと言でいえば，「人が育つうえでは，知識以上に感性が大事」。つまりセンス（心）・オブ・ワンダー（驚き）というわけです。
　あたりまえと言えばあたりまえのことですが，現代の子どもの育ちの中で欠けている面を，静かな語り口のうちに指摘して，わかりやすく納得させてくれる内容です。

●情緒の正しい解釈は？

　つぎの引用は「広辞林」（三省堂）の「じょうしょ」の項目です。
　まさに，人間の感情のみなもととなるさまざまな感性……これらがいまの子どもたちには弱まっているのではないでしょうか。表情のない子にもこの指摘が当てはまります。

> **じょうしょ【情緒】** ㊀ある事を思うにつれて生ずるさまざまな感情。思い。「―纏綿（てんめん）」 ㊁喜・怒・哀・楽・愁・驚・希望・愛情・煩悶・恐怖など強度の興奮と身体的活動，特に顔面筋肉の活動による表情とを伴う複合感情。

子どもたちのヒトミが輝く学習の工夫

先生へのアドバイス

　豊かな感性、情緒が土台にあってこそ、安定した人間成長がある」という近藤薫樹（しげき）元日本福祉大学教授の著書「集団保育と心の発達」（新日本出版）には、つぎのような「つみ木」図が示されています。

　B型では、子どもは不安定です。土台にしっかりとした情緒・感性、さらには本能ともいうべき食欲や運動欲などが豊かでなければならないのです。

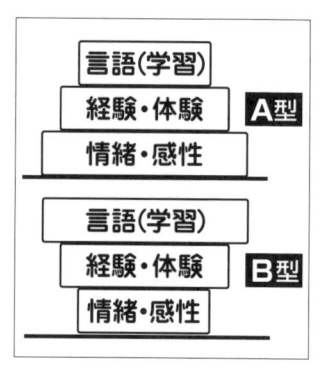

言語（学習）	
経験・体験	A型
情緒・感性	

言語（学習）	
経験・体験	B型
情緒・感性	

●情緒をこわす詰め込み学習

　はやく、たくさん、効率的に、知識を覚えさせる型の「学習」は、ゆったりとした感じる心をこわしてしまいます。

　「ものがわかる」ということも、「なるほど、そうか！」という驚きや感動ぬきには、ひからびた知識に終わってしまいます。

　２年生など低学年の学習でも（というか、なおいっそう）、学ぶ喜びがいっぱいの「楽しい授業」を工夫したいものです。

　そのためには、まず教師自身が学ぶ喜びを味わう人でなければなりませんし、その中からこそ、「教える喜び」も湧いてくるのではないでしょうか。

　算数の九九の学習も、「九九を覚える勉強」ではなく、「九九を使って計算できることのおもしろさ、楽しさ」がなければ身につきません。「ちゃんと覚えるまで残り勉強！」というかたちで、泣きべそをかきながら補習させられ、詰め込まれるのでは、本当の勉強にはなりません。

　残り勉強がすべて悪いというのではありませんが、そこに「楽しさ」がなければ、せっかく教育熱心な先生でも、逆効果を生みかねませんからご注意を。

九九の勉強
楽しい算数

トランプ九九

❶ トランプのA～10の10枚を伏せて並べる。
❷ 例えば「8の段」と指定する。

「1枚めくってください。8と出た数字をかけると，答えはいくつ？」

「はちさん，24！」

「正解だったら，そのカードをとれるよ。カードがなくなるまでやってみよう。」

子どもたちのヒトミが輝く学習の工夫

九九で神経衰弱

❶ トランプ各マークのA～9，合計36枚を伏せて並べる。
❷ 2枚めくり，先に出た数とあとに出た数をかけて答えをだす。
❸ 正解なら，そのカードをとれる。

「家族みんなでやっても楽しいね。」

★この2つのゲームは，辻まい子さんのお父さんが，まい子さんに教えたものです。

お風呂で九九

ビニールの袋に，おのおのの段の九九の問題を油性ペンで書く。

★袋はさかさにする。
★不規則でも，1から順番でもよい。

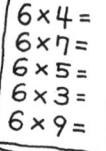

子どもたちのヒトミが輝く学習の工夫

6×4 =
6×7 =
6×5 =
6×3 =
6×9 =

きょうは8のだんだよ

8×3
8×5
8×6

のぼせないでね

はちさん
8×3 = 24、
はちご40、
はちろく…

フラッシュ九九クイズ

❶ カードに九九をひとつずつ書いておく。（九九全部分）

❷ カードに1〜9の数字を書いておく。

ぱっと出して1びょうでうしろにかくすよ！

9×5=

パッパッとれんぞくして出すよ。

8
7

56！

文章題をわかりやすく
楽しい算数

文章題をとく流れは
① 問題文をよく読む。
② 問題文の中の数字に注意する。
③ 何をきいているのか，考える。
④ 式を考える。

りんごが5こと，みかんが8こあります。
　　「あわせて」なら　5＋8＝13
　　「どちらが」なら　8－5＝3

あわせていくつ？

どちらがなんこおおい？

どっちかな？

子どもたちのヒトミが輝く学習の工夫

よく読むとわかるもんだい

りんごは みかんより 5つ おおく あります。みかんは なしより 8こ おおく あります。りんごが17このとき，なしは 何こですか。

？と思うひとは いませんか
←このように えに かくと
　すぐわかるね

なしは □ こですね。

このもんだいの しきは
□ で，できますね。

上のもんだいは，じゅんじょよく つぎつぎと 考える力 をためすもんだいです。ですから 国語の 読む力と ひつようです。

一回読んで「うーん，ややこしいな。わからない。」と思わないで
「えーと，これが これだから，つぎは こうするのか」と
ゆっくり考えてください。

これはちょっとむずかしいよ

ノートはわかりやすく、きちんと書こう

ノートもきれいにかけますね

ごみゆりすずえのノートです。きちんとかけていますね。となりや上と下のけいさんのじがくっつかないようにするといいですね。

くりあがりのけいさん がんばろう

新しくやる大きなかずのけいさんでは、
① くりあがりをするのか、しないのか
② どのくらいくりあがりをするのか 考えてね

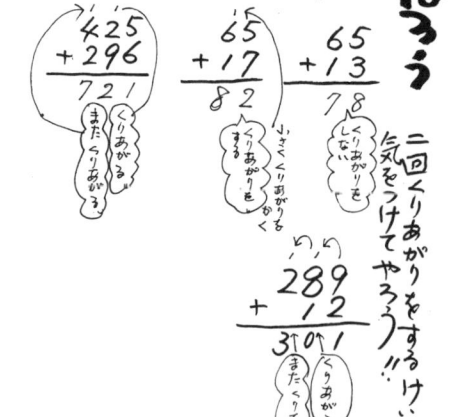

二回くりあがりをするけいさんに気をつけてやろう！！

学級通信の記事でも点検しながら……

わかりやすく図示できる力を

子どもたちは箱のかたちをうまく描けないものです。

右のように指示すると、すぐ描けるようになります。

じっさいに箱を作って、確かめてみましょう。

どっちがたくさんお水がはいる？

と　ではどっち？

と　ではどうしてしらべる？

同じ大きさのコップがいくつかあれば、わかるね。

子どもたちのヒトミが輝く学習の工夫

どくへびあそび
楽しい体育

子どもたちのヒトミが輝く学習の工夫

ルール

❶ 体育館の床に引かれたライン（バスケ用など）の中をゲームの範囲と決める。

❷ 鬼（2～3人）は，床にはらばいになって，ホフク前進の要領で進む。
　ひざを立ててはいけない。横にころがるのはよい。

❸ 逃げる側も同じスタイルで逃げる。

❹ 鬼に足などをタッチされたら，「毒がまわった！」と言って，横になり，その子も鬼になる。

❺ みんなどくへびになってしまったらゲーム終了。
　「逃げる側をラインのコーナーへ追いつめる」「鬼が増えたら，一列に並んで，逃げられないようにする」といった作戦をたてる。

★ラインから出たら，鬼になる。

バトルロイヤル
楽しい体育

フロアマットの上で、落っことしあいをします。

子どもたちのヒトミが輝く学習の工夫

ルール

山本くん、レッドカード！

❶ 髪の毛を引っ張る、けっとばす、ひっかく、つばをかける、などは反則。(先生が審判となり、退場させる。)

❷ 少々は乱暴でも、ひどくなければ続行。(泣きべそをかく子には「自分で飛び出せ！」)

❸ 女の子は数人がかりで強い男の子を押し出す、といった作戦をたてる。

❹ 最後にマット上に残った子が優勝！

ワッ

やっつけろ！

台上前転に挑戦
楽しい体育

　台上前転（跳び箱前回り）は，2年生の課題にはありませんが，からだも柔らかく，スポーツ大好きな子どもたちには，ほとんどできる課題です。

　もちろん，安全には十分に注意してください。

やり方

❶ 前転（前回り）をマスターする。
❷ 飛び越し前転をマスターする。

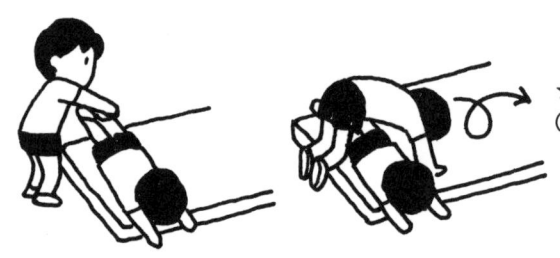

★両手をついて，背中を丸める（自分のおへそを見る感じで）。

❸ 跳び箱1段で，台上前転をする。

★両手をつき，ひざを曲げて飛び上がる。

子どもたちのヒトミが輝く学習の工夫

❹ 段数をしだいに増やしていく。

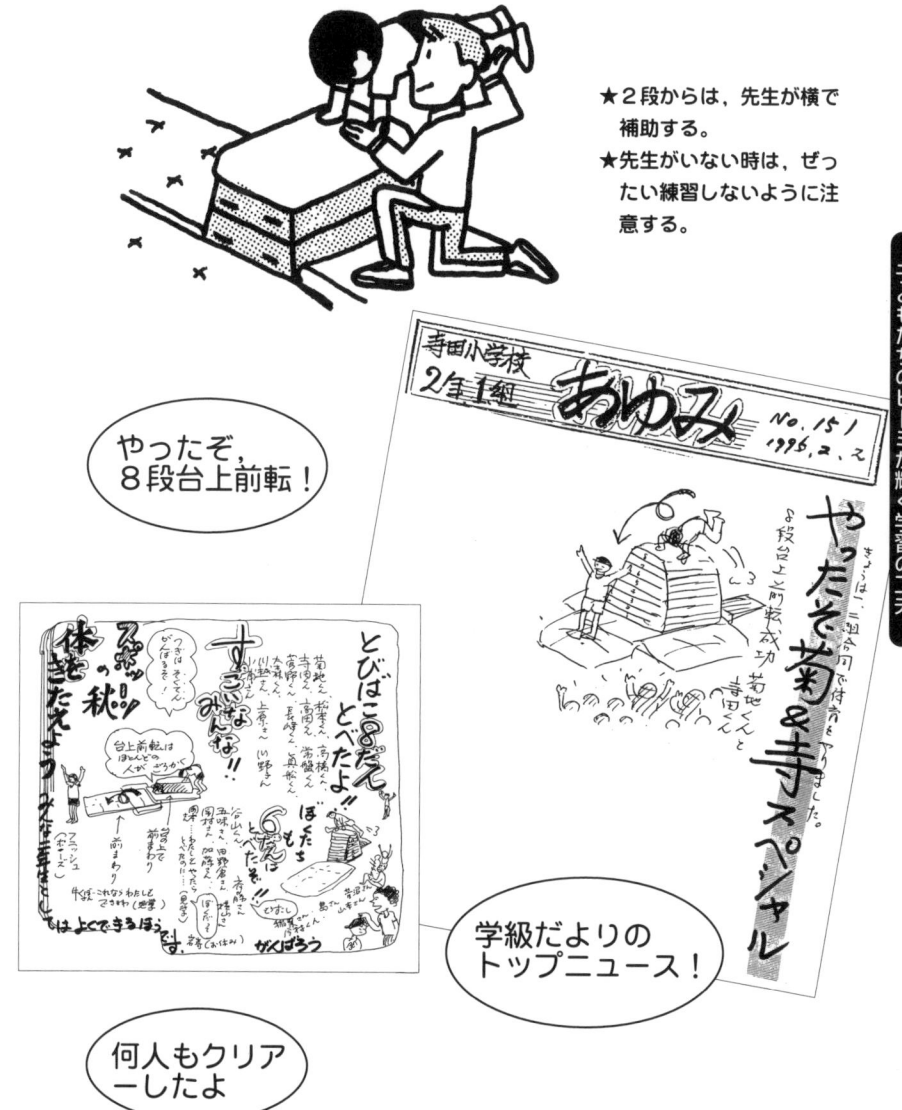

★2段からは，先生が横で補助する。
★先生がいない時は，ぜったい練習しないように注意する。

やったぞ，8段台上前転！

学級だよりの
トップニュース！

何人もクリアーしたよ

子どもたちのヒトミが輝く学習の工夫

ペタンクあそびをしよう
楽しい体育

「ペタンク」というスポーツを知っていますか。

全国ペタンク競技大会まであるんですって。

子どもたちのヒトミが輝く学習の工夫

用意するもの

- ソフトボール………4個
- 古い乾電池か石………1個
- 色画用紙と粘着テープ
 （正式には鉄製の球と木の球を使う）

準備

古い乾電池か石を色画用紙で包み，粘着テープで固める（これが目標物となる。）

ソフトボールがころがりすぎる時は，色のことなる色画用紙で包む（自分の色を決めるとわかりやすい）。

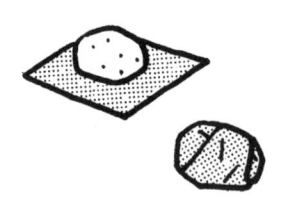

投げる位置を定めるため，四角い枠か横線を地面に引く。

あそび方

❶ 4人で1チーム（2人〜6人でもできる）

❷　ジャンケンで順番を決め，1番目がカラーボールを投げる。
　　投げ方は，アンダースローで，転がすようにするのが決まり。

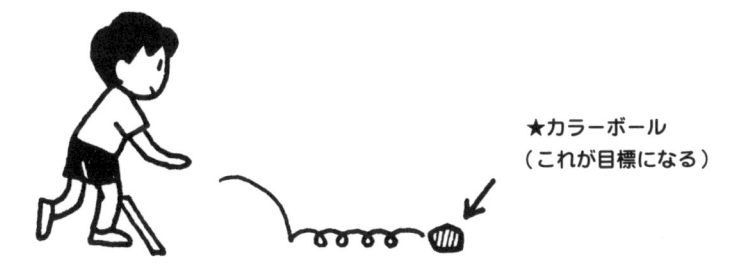

★カラーボール
（これが目標になる）

❸　2番目からは，カラーボールめがけて，順番にソフトボールを投げる。
❹　カラーボールの一番近くにとまったボールが勝ち。
❺　先に投げられたボールに自分のボールを当てて押しのけてもよい。
❻　カラーボールが近いほど，ゲームはやさしくなる。10mもはなれる
　　と，2番以後の子はコントロールがむずかしい。

うまくねらっ
て投げてね。

　2人ひと組で，対抗戦をしたり，
4人ひと組でボールを8個使っても
おもしろいでしょう。

★ペタンクをやる子どもたち
　（由井第一小学校）

子どもたちのヒトミが輝く学習の工夫

紙版画をつくろう
楽しい図工

紙版画には，2つのやり方があります。

❶ 画用紙の台紙に，切り抜いた画用紙をはって絵をつくり，その上にローラーをかけて印刷する方法。（バックも黒くなる。）

❷ 切り抜いた画用紙を組み合わせて絵をつくり，台紙にははらない方法（切り取り紙版画）。

●●● 切り取り紙版画の作り方 ●●●

❶ 画用紙を切って（手でちぎってもよい）人の形を大きくつくる。

❷ ひとかたまりになるようにはっていく。

❸ かみの毛や目やはな，口など，左の絵ではけんばん，ハーモニカなどを上からはる。

❹ 絵が小さくならないように気をつける。（あまりこまかいところを切ってはならない。）

❺ のりはしっかりつけておく。でも，ほかのところにのりをつけないよう気をつける。（インクがあまりつかなくなるから。）

★これは岩手県の2年生の作品

切り取り版画（なわとび）

❶ 人をつくるとき，あたま・胴体を大きくかき，切りとる。

❷ 手や足をはる。ひじ・ひざまで。

❸ うで・足をはる。

❹ 手や足をつける。

❺ 髪の毛をはる。ほそく切ってはってもよい。

❻ 目やはな，口などもはる。

❼ ボタン，なわをはる。

❽ ローラーでインクをぬる。

❾ 新聞紙の上に移す。

❿ よくこすって写す。

子どもたちのヒトミが輝く学習の工夫

でっかく・どどーんとつくるとはくりょくがあるね。

みんなもどどーんとすばらしいはん画をつくりましょう。

連羽づるをおろう
楽しい図工

　2年生の子たちでも，「おりがみ」には興味をもって，つぎつぎとむずかしいものに挑戦していきます。
　これは江戸時代から伝わる「連羽のつる」です。
　100羽のつるを大きな1枚の紙からつくる切り込みの入れ方もあります。

　子どもたちも興味をもったので，やってみました。大人がやってもなかなかおもしろい連羽づるです。
　親子でやってみましょう。

●紅白二連羽づる

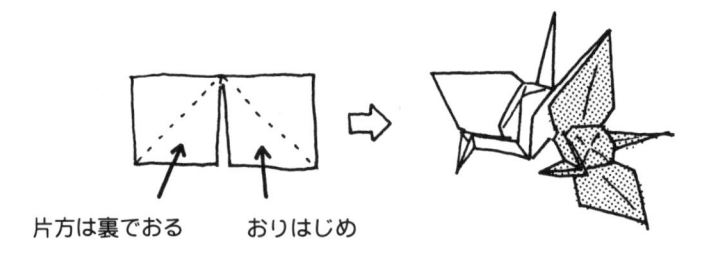

片方は裏でおる　　おりはじめ

●四連羽づる

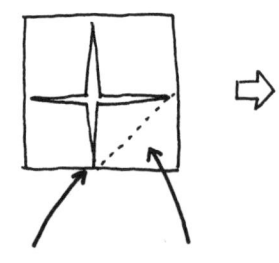

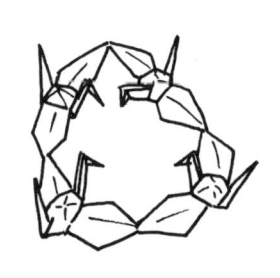

5mmくらい　　おりはじめが　　4羽が羽でつながり，
のこして切る　　羽になる　　　輪になる。

子どもたちのヒトミが輝く学習の工夫

展覧会をひらこう
楽しい図工

　私の受け持った2年生が参加した展覧会のようすをご紹介しましょう。出品作品は「げんきいっぱいうんどう会」「ぼくのなかよしザリッチョくん」「いもほり」です。主体作品としては「おもしろいかお」のお面にとりくみました。

　さらに,「風で動くかざり」という2年生の共同製作もつくりました。

共同製作は「風で動くかざり」

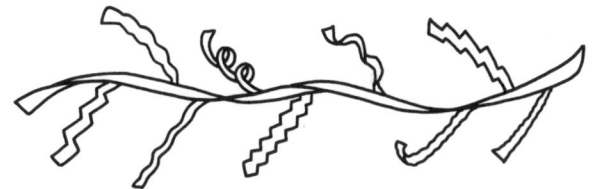

　長さ13mの銀色のメタルカラーテープ(幅6cm)を1mごとに区切ります。

　そこに子どもたちがギザギザに切ったり,シワシワにしたテープをはりつけました。

　4階から吊り下げると,秋の日にキラキラ輝いて,とてもきれいでした。

子どもたちのヒトミが輝く学習の工夫

らくがきコーナーもあるよ

会場の前には，ベニヤ製のらくがきコーナーをつくりました。
ベニヤ板は，選挙のポスター掲示板をもらい受けました。

子どもたちのヒトミが輝く学習の工夫

らくがきをする子どもたち。

いろんな色チョークを用意しました。

校長先生もいっしょにらくがき。

おもしろお面をつくろう
楽しい図工

紙粘土でつくるお面です。

用意するもの

- 金網のザル………お面用の材料として，教材屋さんで扱っている。
- 紙粘土，絵の具，ニスなど。

つくり方

❶ どんなお面にするかを考えながら，紙に書いてみる。

❷ 土台のザルに，紙粘土をかぶせて，土台をつくる。

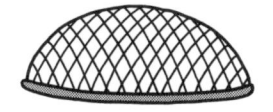

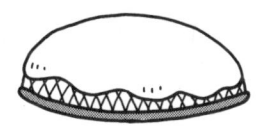

❸ その上に，たのしい表情をつくっていく。

❹ 色を塗り，ニスをかけて，できあがり。

子どもたちのヒトミが輝く学習の工夫

楽しいことを絵にかこう
楽しい図工

子どもたちのヒトミが輝く学習の工夫

運動会でおどったよ

ポケモンマスターのダンスの情景です。色とりどりのスズランテープでつくったボンボンを手に持っておどりました。

生活科でいもほりをしたよ

❶ 別紙に自画像をかいて，切り抜く。
❷ 別紙に自分の手形をなぞり，色をぬって切り抜く。
❸ 台紙には地面やいもをかく。
❹ 台紙に自画像と手形をはりつけて，できあがり。

ザリッチョくんの立体はり絵
楽しい図工

ザリッチョくんは，みんなで飼っているザリガニです。

つくり方

❶ 新聞紙を丸めて，胴体や頭，足，ハサミなどをつくる。
❷ ボンドで厚紙の台紙にはりつける。
❸ 溶いた石こうに木工用ボンドをまぜてぬる。
❹ 新聞紙の部分に色をぬる。
❺ 台紙には背景をかいて，できあがり。

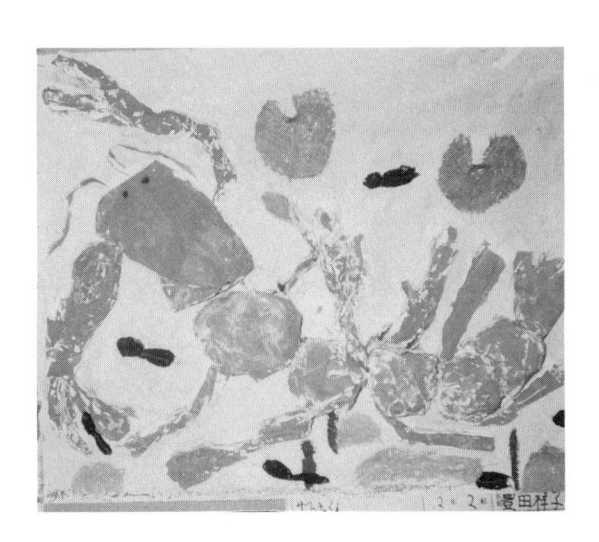

子どもたちのヒトミが輝く学習の工夫

「まねっこ絵」を楽しむ（模写）
楽しい図工

子どもたちのヒトミが輝く学習の工夫

みんな，今日はね，昔の絵をかく人の絵を，まねっこしてかいてみよう。

これはピカソっていう人の絵だよ。

わぁ，ヘタだなぁ！

じゃあ，これは？

うまいーっ，本物みたい。

でも，これもピカソさんの絵だよ。

かく，かくーっ。

きみたちも，ここにあるいくつかの絵の中から好きなのを選んで，まねっこしてかいてごらん。

これは，2人の男の子が，絵ハガキを見てかいた「風神」「雷神」の絵です。

2年生しか表現できない，おもしろい線ですね。

2人の絵を縮小コピーして，学級通信に載せたのですが，子どもたちを美術館やコンサートに連れていくなど，もっとナマの芸術作品にふれる機会をつくりたいものですね。

先生へのアドバイス

つくってあそぶ楽しさを

> いま、子どもたちのあそぶための「道具」は、ほとんど既製品で占められています。
> 私たちの少年時代のような工夫して創りだすことをやめてしまった子どもたち、このままでいいのでしょうか。

● つくる楽しさを味わってもらおう

　子どもたちは、折り紙や工作がもともと好きです。先生がそれらをうまくリードすれば、夢中になってとりくみます。
2年生でも「つる」が折れたら、「連羽づる」にも挑戦し、つぎつぎとむずかしいものにチャレンジしていきます（52ページ）。
　「連羽づる」は大人でも「はまる」ほどおもしろいものです。江戸時代の本の中には「百連羽づる」もあります。1枚の大きな和紙に切りこみをたくさんつけて、100羽の折りづるを折りだしていこうという、まさに日本の紙の芸術品といえる見事さです。どなたか挑戦してみては？
　高学年になれば、私たちのころにはだれもが（少年なら）作った「模型飛行機」も、現在はほぼ壊滅したようです。
　これでは、ますますこどもたちの「手の虫歯」状況は進行してしまいます。これは大人になれば治療不能です。
　低学年のころから「つくる」楽しさを指導したいものです。

子どもたちのヒトミが輝く学習の工夫

食べものつきで，お散歩
楽しい生活科

インスタントのカップラーメンをおのおの持って出発。近くの公園などで，ラーメンパーティーです。みんなと食べるといっそうおいしい！

お湯は魔法ビン水筒に入れて持っていきます。

先生はポットでお湯を用意していきます。

カップメンについては，事前に親の了解をとるなど配慮が必要ですね。

他に校内でも，枯れ葉や小枝を集めて豚汁大会や焼きイモ大会（校庭），イモ汁大会（家庭科室）などが開けます。

材料は，豚汁の場合，グループに割り当てて持ち寄り，イモは子ども自身が切ったりするとよいでしょう。

子どもたちのヒトミが輝く学習の工夫

学校まわりの地図をつくろう
楽しい生活科

子どもたちのヒトミが輝く学習の工夫

　学校のまわりや私たちの地域を歩いて、よーく見てこよう。

　「かんさつカード」と筆記用具を持って出発です。

　学校のまわりからはじめて、通学路を中心に、地域をまわります。

　グループごとに校区を分担してまわってもいいですね。

大きな地図をつくろう

　調べてきたことを大きな地図にします。

えーっと、お店は……

パン屋さんのとなりはクリーニング屋さんね。

ここは…

うーん…

よいしょ♪

　地域の道路、自然、大きな建物、公園、お店などをポイントにして、みんなで協力してつくります。

　画用紙にサインペンなどで書いて色づけし、はりたしていくとよいでしょう。

子どもたちのヒトミが輝く学習の工夫

できたぞー！

1週間もかかったね。

わかったことを発表しよう

　地図を前にして，自分の担当した場所で調べたことを，みんなに発表します。

学校の裏には，木がいっぱい生えています。

学校からいちばん遠いのは，ぼくと2組の大橋くんで，学区のはじっこにあります。

お店のあるところは，かたまっています。

パークヒルズに住んでいるのは，105軒分の人たちです。

63

駅を見学，バスにも乗ろう
楽しい生活科

駅を見学しよう

駅の見学は，2年生の生活科の必修です。あらかじめ駅にお願いして了解をとります。

自動発券機でキップを買ってみたり，駅事務室に特別に入れてもらって，発券機の裏側のようすを見せてもらったりすると，楽しいものです。

子どもたちのヒトミが輝く学習の工夫

信号よーし，発車オーライ！

あっ，1000円札を入れたよ。

この機械は1台2000万円もするんだよ。

あれは，電車が自動的に止まるようにするしかけだよ。

バスに乗ってみよう

さあ，こんどはみんな自分でお金を払ってバスに乗るよ。

寺田小学校 2年1組 あゆみ No.16.7 1996.2.23

バスの料金を自分ではらう！

こんどは ひとりで，バスや電車に のって，よっかいちに 行けるでしょうか。「まだまだしんぱいだな。」という子もあるかもしれませんね。うちの大地くんが 小学三年生のとき，京都から ひとりで 新幹線に のって，うちまで 帰ったことが あります。としたよ。ちょっと 年だけれど，ちょうせんしますか？

五よ〇円だわ

子どもたちのヒトミが輝く学習の工夫

せいりけん

最初に整理券をとるんだね。

おりま〜す

整理券とバスの料金をボックスに入れます。

これからは，1人でバスに乗れますね。

運転手さん，ありがとう。

うめジュースやうめぼしをつくろう！ 楽しい生活科

梅の実がみのるころ（6月ごろ），みんなでつくってみましょう。
（校内に梅の木があれば最適です。なければ実を買ってきましょう。また，数年後を見越して植えてもらうのもいいでしょう。）

子どもたちのヒトミが輝く学習の工夫

●●● うめジュースのつくり方 ●●●

❶ 梅の実を洗い，きれいなフキンで水分をとる。
（その後，実に串で穴を開けてもよい。）

❷ 広口ビン（よく洗い，乾燥させたもの）に梅の実と砂糖を，交互に積み重ねるように入れる。
（砂糖の量は，梅の実と同じ重さか，やや少なめがよいでしょう。）

❸ ラップでふたをして，いくつか穴を開ける。

❹ 1週間ほどで，とろりとしたシロップができる。

❺ シロップを氷水で5倍くらいに薄めると，うめジュースのできあがり。

7月の「1学期ごくろうさまパーティー」などで，乾杯のセレモニーをしてみましょう。

かんぱーい！

★氷水を使うといいでしょう。

うめぼしのつくり方

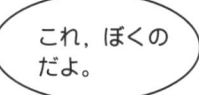

「これ，ぼくのだよ。」

❶ 梅の実を洗い，きれいなフキンで水分をとる。
　（数は1人あて1〜2個）
❷ 実には子ども自身で粗塩をかけて，広口ビン（陶製つぼでもよい）に入れる。
❸ 塩は，最後に先生が補充する。
　（焼酎をふりかけてもよい。100〜200cc。）
❹ ふたをして，冷暗所に保存する。
❺ 夏休み中は，先生が管理する。（自宅に持ち帰るのもよい。）
❻ 土用干し，赤シソによる色つけなどは，夏休み中に先生がやる。
❼ 2学期にはできあがり。

うめぼしのつくり方は，地域のおばあちゃんに伝授してもらうなどして，各自で工夫してみてください。

2学期には，うめぼしとお茶で「うめぼしパーティー」を開きましょう。また，給食で白飯が出たときに，いっしょに食べるのもいいでしょう。

「すっぱーい！」

遠足で水あそび
楽しい生活科

　まだ気温の高い時期の遠足で，水あそびができる場所があったら，楽しませてやりましょう。
　もちろん着替えやタオルを忘れずに。

子どもたちのヒトミが輝く学習の工夫

噴水は
楽しいな。

きゃー,
冷たいよ！

みんな,びしょ
びしょだあ！

昔のあそびに挑戦

●けん玉

けん玉は，むやみに玉を振り回しても，さらには乗らないよ。

❶ 持ち方がかんじん。親指と人さし指ではさみ，中指，薬指で支える。

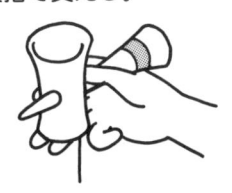

❷ ひざを少し曲げてかまえる。

❸ ひざを伸ばすと同時に，玉を上げる。（ひもを真上に引き上げる感じで。）

❹ まず大ざらへ乗せる。

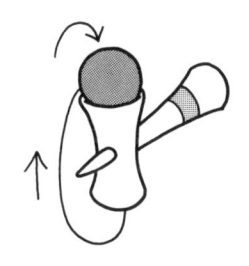

❺ 中ざら，小ざらへ乗せる練習。

❻ つぎは，「けんさし」。

❼ 「ふりけん」ができたら，チャンピオンです。

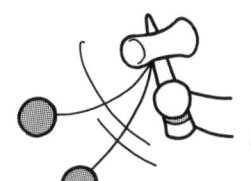

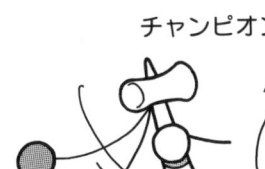

子どもたちのヒトミが輝く学習の工夫

●メンコあそび

メンコは，学校の中で正々堂々とやるあそびとしては，なぜか「ふさわしくない」ということで，禁止の憂き目にあっているところも多いようですが……。
復活させてみてはいかがでしょうか。

❶ かえし
相手のメンコのわきに自分のメンコを打ちつけ，風圧で裏返せたら，相手のメンコをとることができる。

❷ くっつき
ひっくり返したメンコがとなりのメンコに重なったら，2枚とも，とることができる。

❸ くっつき（そっぽ）
何枚かずつのメンコを出し合い，重ねて1つの山にする。その山に自分のメンコ（親メン）を打ちつけて山をくずし，くずれたメンコがくっつきの状態になれば，すべてのメンコをとることができる。

★そっぽとは，関西地方で「おおよそ」という意味です。おおよその数のメンコを一度に賭ける，というわけです。現在では，本気のメンコのとり合い（本メン）はムリかもしれません。

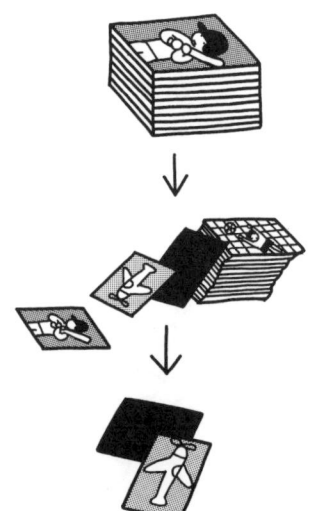

●コマまわし

❶ ひもをひっかける。

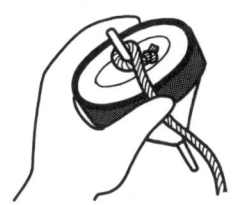

左手の親指を押さえる。

❷ ひもを下軸にかけて，ぎゅっと下に引く。

❸ 最初の1〜2回はかたく巻く。

❹ あとは柔らかく巻く。

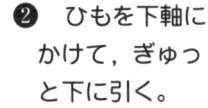

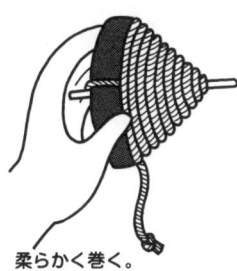

柔らかく巻く。

❺ 右手で図のように持つ。

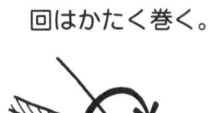

余ったひもを中指，薬指，小指の3本でにぎり，ひものはしを小指に巻きつける。

❻ 図のように持ちかえる。

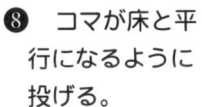

❼ ひざを曲げてかまえる。

ひざを曲げて

❽ コマが床と平行になるように投げる。

❾ ひもが伸びきった瞬間に，さっと引く。

投げたらひもをさっと引く。

引き方を考えて，これができたらチャンピオン。

子どもたちのヒトミが輝く学習の工夫

おイモまつり
楽しい生活科

子どもたちのヒトミが輝く学習の工夫

　2年生の畑で、サツマイモがたくさんとれました。みんなで育てたおイモです。
　イモ掘りはどろんこになって楽しかったので、「おイモまつり」を開くことにしました。

1年生のみんなを招待しよう

　1年生に招待状を送り、おイモまつりに来てもらうことにしました。

> おいもまつりをしますので、キンバクだサい。
> 10月25日ろじかん
> 二年生より

プログラムの例

❶司会のことば

　「今日は、ぼくたちが楽しみに待っていた『できたぞ、おイモパーティー』の日です。
　ぼくは司会の2年3組の大神田けんです。
　私は2年2組の内藤ありさです。
　1年生のみなさんも、2年生といっしょに楽しいひとときをすごしましょう」

「1番は『はじめのことば』です。2年2組の高橋くん，辻さん，中谷くん，お願いします」

「2番は花田先生のおはなしです。静かにききましょう」

❷　1組の発表

「さあ，いよいよ2年生のだしものです。はじめは『オイモクイズ』です。2年1組の人，お願いします」

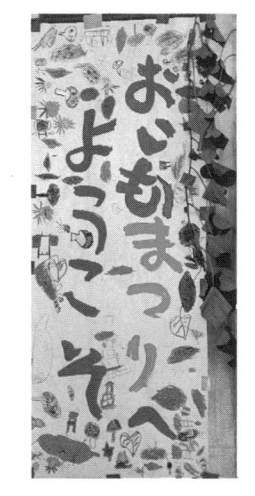

?cm

私たちの畑でとれたおイモでいちばん大きかったのは，何cmだったでしょう？

「楽しいクイズでしたね。つぎは『おイモ料理』の説明です」

スイートポテトと大学イモのつくり方です。

お母さんにきいてきました。

大学いもの作り方
① 皮をむく，切る。
② 水にさらす。
③ ザルにあげる。
④ 揚げる。
⑤ あぶらを切る。
⑥ あめを作る。

「2年1組のみなさん，ありがとうございました。つぎは3組のみなさんにお願いします」

子どもたちのヒトミが輝く学習の工夫

❸ 3組の発表

「ぼくたちは，おイモのつるを使って『輪投げ』をつくりました。輪投げをやってみます」

「私たちはつるを使って縄跳びをします」

「『おイモの研究発表』をします」

おイモについて，知りたいことがわかります。

❹ 2組のだしもの

「つぎは，2組のみなさんによる『和太鼓』と『おみこし』です」

和太鼓をたたきながら，群読「おまつり」。（北原白秋の詩「お祭り」を改作したもの。）

「とてもにぎやかな，楽しいおみこしと太鼓でしたね」

❺ 1年生のお礼のだしもの

「さあ,つぎは1年生から『お礼のだしもの』です。1年生,よろしくお願いします」

「今日は,おイモまつりによんでくれて,ありがとうございます」
「お礼に,私たちがつくった『おいも音頭』のうたとおどりをします」

1年生のだしものは,1年生自身が実行委員会をつくって,考えました。

おいも音頭

あきがきたきた
ゆい1に
みんな まってた （あ,それ）
いもまつりー
いもまつり
くりよりおいしい
おいもができた

※
いも いも いも いも
いもおんど
ありゃ ありゃ
たのしい いもおどり
（※をくり返し）

（ゆい1は由井第1小学校）

2年生もいっしょに,おどってください。

★「おいも音頭」をおどる1年生。

❻ ふかしイモ試食タイム

「いよいよ,みんなの畑でとれたおイモを食べます。

給食室のおじさん,おばさんの協力で,おいしいふかしイモをつくってもらいました」

「みんなそろって,いただきまーす！」

みんな,なかよく食べてね。

「おいしかったですね。楽しかったおイモパーティーも終わりに近づきました」
「2年1組の忠鉢くんと,石坂さんに,終わりのことばをお願いします」

これ,ぼくの掘ったのかな。

「今日はなれない司会に協力していただき,ありがとうございました」
（2人で）
「これで『できたぞ,おイモパーティー』を終わります」

子どもまつりをつくろう
楽しい生活科

学習のねらいを決める

❶ 楽しいおまつりの計画を立てる。
❷ 身のまわりにある材料で，あそびの道具や品物をつくる。
❸ 自分の役目をはたし，友だちと協力して，おまつりを楽しむ。

1，2年合同で

たがいの経験を学びながら，2年生にはリーダーシップや協調性を期待し，1年生には体験を来年へ活かしてもらう。

計画の例

❶ 2年生がやりたいお店をクラスごとに考え，希望を活かして調整する。（16店に決定。）
❷ 店長会議を開く。

- 材料の集め方。
- つくり方のヒント。
- お店の場所決め。
- 宣伝の仕方。
- アイデア紹介。

子どもたちのヒトミが輝く学習の工夫

❸ **おもちゃづくりカード**

　用意しておいた「おもちゃづくりカード」に書き込むことによって，材料などを確認していきます。

> 使う材料は，空き箱，段ボール箱，ペットボトル，トイレットペーパーの芯，わりばし……

子どもたちのヒトミが輝く学習の工夫

家にあるいらないものをつかって
友だちと力を合わせて
楽しいおもちゃを
作りましょう
どんなものが作れそうですか？

おもちゃの名まえ	

つかうもの（ざいりょう，どうぐ　など）	

つくり方	

❹ おまつり計画表

1，2年生の顔合わせ会の時に説明します。

「れんらくカード」を渡して確認します。

れんらくカード

(　　　)やさんの1年生へ

☆こんどのせいかつかは、
(　　)がつ(　　)にち(　　)ようび
のよていです。

☆(　　　　　　)をつくるよていです。

☆(　　)日までに、
(　　　　)をもってきてください。

2年(　　　　)より

子どもたちのヒトミが輝く学習の工夫

❺ できたものチェックカード

ゲーム用の道具のできぐあいの点検。
賞品や「認定カード」の数の確認。(どれくらいつくるか，あといくつつくるか，など)

79

❻ 宣伝地図や広告づくり

自分のお店のゲームのやり方，賞品の紹介，お店の紹介。

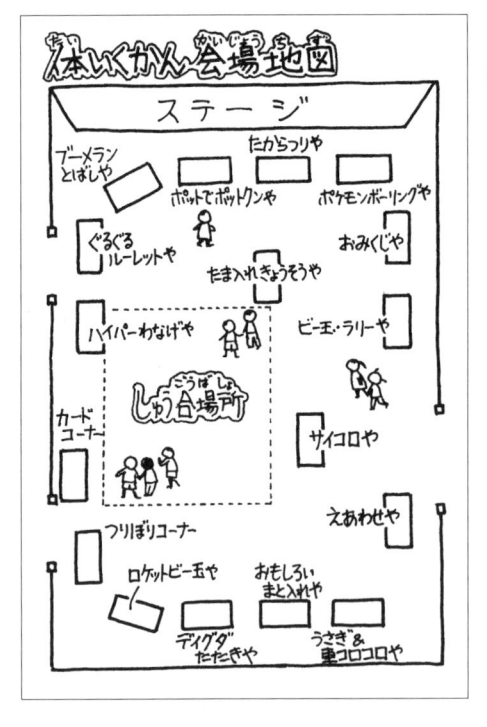

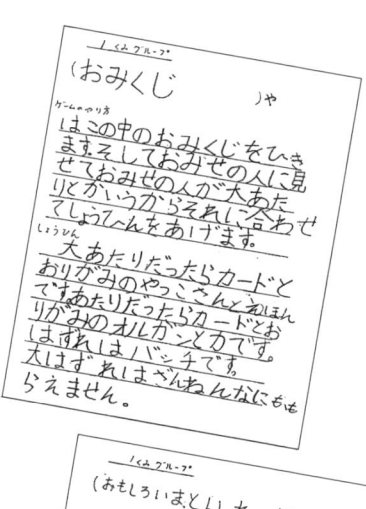

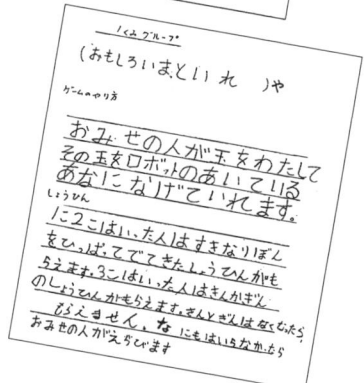

1くみ グループ
（おみくじ）や

ゲームのやり方
はこの中のおみくじをひきますそしておみせの人に見せておみせの人が大あたりとかいうからそれに合わせてしょうひんをあげます。

しょうひん
大あたりだったらカードとおりがみのやっこさんとえんぴつです。あたりだったらカードとおりがみのオルガンとカです。はずれはバッチです。大はずれはざんねんなにももらえません。

1くみ グループ
（おもしろいまといれ）や

ゲームのやり方
おみせの人が玉をわたしてその玉をロボットのあいているあなになげていれます。

しょうひん
1こにはいったらすきなりぼんをひっぱってでてきたしょうひんがもらえます3こはいったらきんかぎのしょうひんがもらえますぎんかぎはなくなったら、もらえません。なにもはいらなかったらおみせの人がえらびます

❼ スタンプカード

おまつり当日の売り買いはスタンプカードでおこないます。

1枚目は赤，2枚目は青，3枚目は黄色と色分けして，買い物やゲームへの参加状況を把握します。一定時間がすぎても赤カードを持っている子は，教師が支援してあげます。

> 買った店やあそんだ店のスタンプを押してもらう。

> スタンプは既製品や教師の検印などを使用。

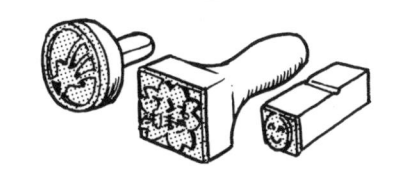

❽ お店の準備

1 おみくじ
たくさんクジをつくって，箱にいれる。手づくりで賞品をつくる。

2 わなげ
輪は，新聞紙にビニールテープを巻いてつくる。的は牛乳パックやペットボトル。

3 たからつり

段ボール箱の中に，ひもをつけた「たから」を入れて，ひもだけ箱の外に出してひっぱれるようにする。

4 さかなつり

★空きカンでさかなをつくる。
★ゼムクリップの針。
★ひっかける部分をよく考えよう。

5 まとあて

★段ボール箱に穴を開けて……。

6 ブーメラン

★厚紙でつくる。
★当てる的もつくろう。

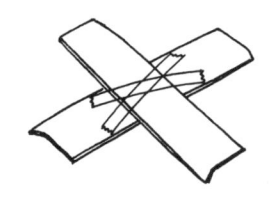

7 サイコロ

段ボールで大きなサイコロをつくる。

2年生が1年生の教室を訪問して，お店の説明をします。

子どもたちのヒトミが輝く学習の工夫

8 絵あわせ

9 わりばしロケット

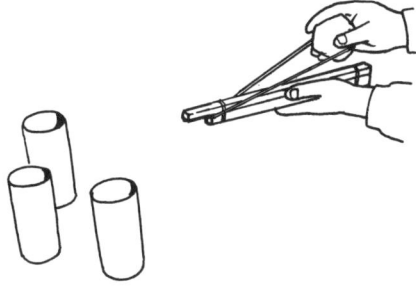

10 もぐらたたき
段ボールの穴からもぐらの頭を出す。

11 ビー玉めいろ
段ボールを切って迷路をつくる。箱を手で持ってビー玉をころがす。

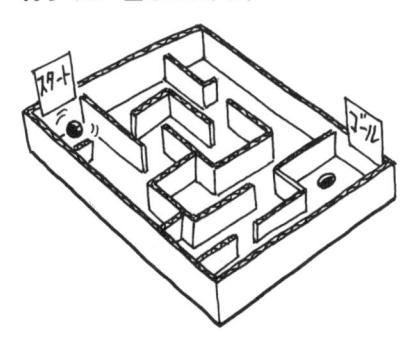

12 玉入れ
★ビニール袋
★ボールは新聞紙を丸める。
★トイレットペーパーの芯と新聞紙

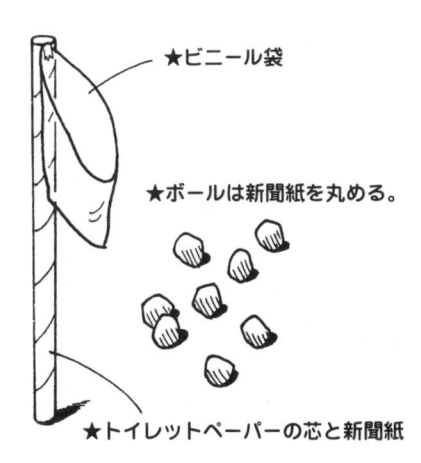

13 ポットくん
ペットボトルを切って、中にビー玉を入れ、テープでつなぐ。
ビー玉を下まで移動させれば合格。

こりゃ、むずかしいよ。

子どもたちのヒトミが輝く学習の工夫

おまつりの日

❶ 「おみこし」の入場でスタート。

❷ オープニングのあいさつ（実行委員長）

❸ ルールの説明（実行委員）

❹ お店の紹介（店長）

❺ 前半開始（子どもの半分が店員，半分はお客になって。）

❻ 後半開始（店員とお客が入れ替わる。）

子どもたちのヒトミが輝く学習の工夫

★東京都調布市立多摩川小学校の実践より

先生へのアドバイス

あそびをとおして，活発な子ども時代を

> 晴れた日なのに，休み時間に外に出ず，教室の中でなにやらゴソゴソたむろしている子が増えています。とくに高学年に多いようです。
> 「力をつくしてあそぶ」ということが，子どもたちの中から消えてしまったようです。

●汗をかかないあそびが増えた

「消えてしまったあそび」には，力いっぱい，冬場にもダラダラ汗を流してやるものがあります。

「Sケン陣取り」「肉弾」「すもう」，女の子の「ゴムとび」……，最近は「ドロ・ケイ」をやっている子も少なく，ケガをするというので「長馬」が禁止されてから久しいものがあります。

「ブラブラあそび」とでもいうか，校庭をブラブラ歩き，鉄棒があったらスーとくぐり，ボールがころがってきたらポーンとけり返し，どこかに座りこんでは，またブラブラ歩き出す……こんなふうに休み時間を「ただなんとなくすごす」子もいます。

はたして，これでいいのでしょうか。

●ペタンクのすすめ

この本に紹介した「ペタンク」（48ページ）という聞き慣れない「あそび」は，いま，ゲートボールに代わって，年配者のあいだで広

先生へのアドバイス

まりつつあります。

目標に向かってボールをころがし、目標にいちばん近くころがした者が勝ち、という単純な「スポーツ」です。

子どもたちにやらせると、けっこう喜んでやり、「全校あそび集会」でもコーナーを開いたグループが出ました。

●バトルロイヤルを低学年で

45ページに紹介した「バトルロイヤル」は、少々、荒っぽくて泣きだす子もいるほどですが、強い子を何人かで先に放り出す作戦を立てたり、泣きべそをかきながら生き残って、優勝する子がでたりします。

最初はマットの真ん中にかたまって、もみあっているだけで、教師が「もっとやれ！」とハッパをかけることもあります。

子どもたちの感想は「すっきりした」「またやりたい」と、ストレス発散にもなるようです。冬にやっても汗をかくほどで、まさに肉弾戦です。

●子どもは「遊びをせんとて」生まれてきた

子どもの生活は、まさにあそびの中にこそあるのです。あそばない子は、子どもとは言えないのではないでしょうか。

子どもたちの中からあそびが消えるとき、あそびをとおして学ぶべきものも消えていくでしょう。

日ごろの学習もまた、あそびの要素なくしては、おもしろ味のないものになります。「おもしろ算数」「おもしろ国語」といったクイズ形式を取り入れることも大切ではないでしょうか。私はマジックを授業に活かして、子どもたちの瞳が輝くのを経験しています。その実践については「手品＆マジック　ワンダーランド」（いかだ社刊）にも書きましたので、ご参照ください。

「いじめ」を出さない学級づくり

> 今日，子どもの世界に生じている「いじめ」は，たいへん重い教育上の問題となっています。
> 子どもたちの心の中のストレスがはけ口を求めて，弱い者に対する「いじめ」として出てくるのでしょうが，そこにいたるまでの子どもたちのサインを見逃さないことが大切です。

　サインは，イライラする，カッとなる（キレる），ひどいことばや攻撃的なことばを吐くようになるといったかたちでも現われます。
　過保護より過干渉のほうが問題と言われるとおり，「～しちゃダメ」「～しろ」と口うるさく子どもに指示・干渉するのも，その糸口となります。
　低学年の教育の課題として，教室でも「いじめ」をきちんと取り上げることは大切です。
　そのためには，子どもたちの感性をとおした働きかけが，基本的なものとしてあると思います。

2年生でも「いじめ」の芽はある

低学年から対応策を

近年,「いじめ」問題は深刻な「自殺」まで発生する状況で、いっそう大変になってきています。「2年生くらいでは『いじめ』はまだ、たいしたことはない」とは言えない状況にあります。

小さな子どもでも、傷つきやすい子は「ガラスのよう」とも言われ、それが「いじめ」やひいては「不登校」の原因にもなりかねません。

この克彦くんの作文にもあるように、悩みは小さな子どもの中にもあります。

この子はけなげにも、「小さいけど、ほかのことでがんばります。」と、みずからを励まし、「いじめ」に自分の力で立ち向かおうという強さをもっているので、「いじめ」を受ける立場にはならないでしょう。

> 小さなぼく
> 　　〇〇小　山本克彦
> ぼくは、せいが小さいんだ。
> 小さい時からばかにされてるんだ。
> 奥田先生の話を聞(い)て
> 「いじめられた人は先生のきもちがよくわかるでしょ」
> と、言ってました。
> よく奥田先生の言うことがわかりました。
> とたんに小さなときも思いだし、かなしくなりました。
> 小さいけど、ほかのことでがんばります。
> べんきょうや、うんどうなどでがんばる。

「いじめ」を出さない学級づくり

アトピーの偏見とたたかう

> ぼくの手(1)
>   ○○小　高田ひろし
> ぼくの手は，アトピーである。
> ツベルクリンの時，
> ２組のおのうえとあった。
> その時おのうえに，手を見せた。
> 「おえ―　。」
> と言われた。
> かなしかった。
> ぼくの心には，きずか（が）ついた。
> くやしかった。

ひろしくんは，つづいて書いた「ぼくの手(2)」の中でも，

> ぼくの友だちの，たかしくんと
> 手をつないでいた時
> 「ひろくんの手，しわしわで気もちわるい」
> と言われて，かなしかった。
> たかしくんに気もちわるいと言われた。
> かなしかった。
> かなしかった。

と書き，空欄に手形を書いて，ボツボツと点を打っていました。

　ひろしくんも，こうした状況に負けず，ふだんは元気いっぱいの少年らしい子で救われます。でも，明るい表情の陰の部分の悩みです。

三者ですばやい対応を

母親からの手紙

ある日，M子さんの母親から，担任の私に手紙が届きました。

> ……（M子の）話を聞いても特に「いじめ」という事ではないと思うが、Mが嫌なことは嫌と表現したり、相手に言い返せる力、他の子とも遊べる力があれば、K子と会わなくてすむから学校へ行きたくないといった逃避に至らなかったのではと思うのです。我が子の弱さにも原因があるのではないかと思うのですが、今までの子育ての中に原因があるのではと、親として反省するのですが、強い精神力を持つ子どもにするにはこれからどうしたらよいかというのも悩みです。……

また、「M子に，先生に言えなかったら手紙を書いたらとすすめた」とあり，M子さんの手紙も同封されていました。

2年生ながら，きちんと事態の因果関係を文章として表現しています。

母親は手紙の最後に，K子さんと班をべつにし，座席を変えてほしいと訴えていました。

> わたしは、KちゃんがSちゃんとばっかりあそんで、Kちゃんが「あそぼ」と言ってもそこにSちゃんがいて、Sちゃんとばっかとあそんで、わたしのことなんかとあそんでないふうにしたり、あと自分でもわからないけど、なんかわたしがいやなことを言ったり、そういうことが学校にいくといつもあらそいになります。そういうことがわたしは、もう「学校なんかいきたくない。」と言ってしまいました。Kちゃんは、べつにわたしをいじめるようにしているのではないかもしれませんが、わたしはそういうふうにいやなのです。（M子）

ただちにていねいな対応を

休み時間，K子さんを別室に呼んで，当事者としての事情をきくと，K子さんはキョトンとした感じでしたが……。

私はM子さんの母親の手紙にあった，M子さんが訴えているという内容，「班の女の子の中でKさんが私を『仲間はずれ』にする」「体力測定の時，お腹のほくろをみて『こんなところにほくろのある人っていると思う？』，下痢気味でちょっと汚れた下着をみて『こんな人っていると思う？』などと言われた」などの例をあげて，

「そんなこと，言ったことあるのかな」

「ほくろや下着のことは，Mちゃんだって，気分が悪くなるんじゃないかなあ……」

と話しました。

K子さんも素直にそれを認めて，

「これからは気をつけます」

と納得してくれました。

初期ならすぐに解決

M子さんの場合は，この後，ふだんの座席がえに合わせて，しぜんと席がえがあり，またたくまにM子さんのストレスは解消して，すぐ解決しました。

その後のM子さんの作文から

> 「2年生の1学期ごろは、今の3人組じゃなくてRちゃんとあそんでいた。とちゅうからNちゃんが入ってきた。それからだった。わたしがいやになってきたのは。それからだんだんといじめっぽくなっていってわたしは、とうとう「学校なんかいきたくない。」と朝いいだしてしまった。そのことをお母さんがきいてきた。「なぜ、学校にいきたくないの。」ときくけれどわたしは、何も言わなかった。……がまんできなくなったからおかあさんに言った。……（先生に）手がみにかいた。そしたら先生がせきがえをしてくれてうれしかった。それからもう学校はたのしくなっていつも、いつも朝たのしみにしている。「もう、こわくないぞ、いじめなんかどこかにふきとんでしまえ。」と言った。今でもそ、の、こ、と、は、わ、す、れ、ら、れ、な、い。

「いじめ」を許さない授業にとりくむ

　M子さんの「事件」をきっかけに,「いじめ」をテーマとした「授業」に取り組んでみようと思いました。

T（教師）　みなさん,「いじめ」ってことばを知っていますね。1人の人を, 何人もの人たちが「悪口」言ったり, いじわるしたり, そういう「いじめっこ」をすることだね。みんなはどう思う？

C（子どもたち）　いやでーす。

C　いじめちゃいけないと思います。

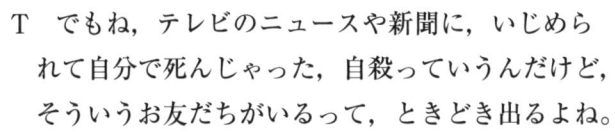

T　でもね, テレビのニュースや新聞に, いじめられて自分で死んじゃった, 自殺っていうんだけど, そういうお友だちがいるって, ときどき出るよね。

C　うん。

C　でも, 死ななくてもいいのに……。

C　いじめる人が悪いよ。

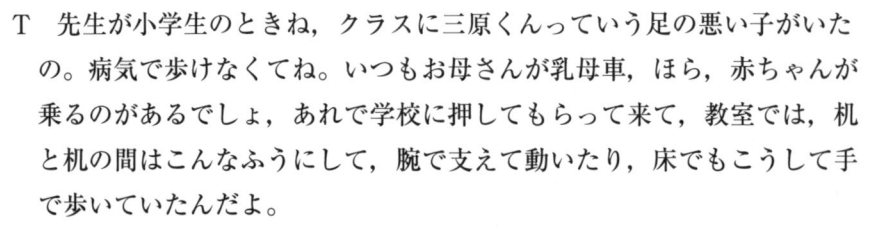

T　先生が小学生のときね, クラスに三原くんっていう足の悪い子がいたの。病気で歩けなくてね。いつもお母さんが乳母車, ほら, 赤ちゃんが乗るのがあるでしょ, あれで学校に押してもらって来て, 教室では, 机と机の間はこんなふうにして, 腕で支えて動いたり, 床でもこうして手で歩いていたんだよ。

　ある日, 先生のお母さんが, 何かの忘れ物を先生に届けに学校に来た

んだよ。そしたら，先生たちみんなはグランドで運動会の練習をしてたんだけど，三原くんはたった1人で教室の中にいて，シクシク泣いていたんだって……。
　　みんな，どう思う？

C　かわいそーっ。
C　外で見学したほうがいいんじゃない？

ふけつきんタッチあそび

T　きのう，何人かの人は「ふけつきんタッチあそび」をして，先生からしかられたね。
　「ふけつきんタッチ」をされた人の気持ちをよく考えなさい，と先生に言われましたね。
　そこで，私もぼくも，ちょっと悲しい思いをしたことがある，とか，とてもいやだったなあ……と思ったことがあったら，作文に書いてくださいね。
　秘密で人に知られたくなかったら，こっそり書いてね。そして，「あゆみ」（学級通信）に載せたりしちゃダメという人は，作文のはじめにバツを書いておいてね。載せてもいいよという作文はマルって書いておいてね。

みなさんも，今日ときのう勉強したことをよーく思い出して，よーく考えてくださいね。

つぎの時間には，もう一度，今日までの勉強をもとに作文を書いてね。

作文から

なみだのこと
　　　　　　　　　A子
　おく田先生がかなしいおはなしをしたから、わたしは心では「ないちゃだめ、どうしてなくの、ないちゃだめってゆってるでしょ」と心のなかでゆったけど、なみだがとまんない。（中略）
　わたしは、なんか、かおが、ぎゅうーとしてしまってなみだがでてきてしまいました。

なんでかな
　　　　　　　　　C子
　きょう、おく田先生から、いじめの話を聞いた。
　わたしののうが、なみだをだしたようだった。と、思ったら、わたしの目からなみだがでた。
　きがついたらAちゃんもないていた。Aちゃんも、のうに、かなしさがでて、なみだがでたのでしょうか。わたしには、わかりませんが、さいごの、おく田先生の「ないてくれてありがとう。」
　ずっとわすれられないことを心の中で、ちかった……。

　子どもたちの感性に響いて、いろいろなことを感じてくれたようです。でも、「かわいそう」とか「私はいじめない」だけにとどまらないで、たくましさというか、生きる力というか、そういう強いものも、子どもたちに期待したいものです。

つぎの時間に

机を廊下に出し、イスだけ半円状にならべて子どもたちが座りました。参観の親たちもその後ろに立って、授業参観がはじまりました。

T　さあ、これから勉強をはじめましょう。きのう、みなさんに作文を書いてもらいましたね。クラスで「ふけつきんタッチ」というあそびをして、さわられた人が気持ち悪くなることをしたり、太っているとか、やせているとか、色が白いとか黒いとかいうことでお友だちのあだなを言ったりしちゃいけない、ということを勉強したあとに書いたね。
　　ここにみんなの作文があるけど、みんな「ひみつ」で書いたんだけど、さっき克彦くんとひろしくんは「読んでもいい」と言ってくれたので紹介します。

ここで、「小さなぼく」と「ぼくの手」(88, 89ページ)を読みました。

T　こんなふうに、いやだなあ、と思うことがたくさんあるね。新聞やテレビでみると、いじめられて「もういやだ」って思って、ビルの屋上から飛び降りたり、ロープで首をつって自分で死んじゃった子も、もう何人もいるんですって。死んだ子のお父さんもお母さんも、とっても悲しんでいますし、死んじゃった子を「いじめ」ていた子も、ほかの人から「人殺しだよ」と言われるかもしれないしね。

★「わたしのいもうと」
松谷みよ子（偕成社刊）

T　ここに1冊の本があります。「わたしのいもうと」って書いてあるね。松谷みよ子さんっていう人が書いた本ですが、これから読んであげるので、聞いてくれる？

ときどき絵を見せながら、読み聞かせをします。

T　さあ，みなさん，こういう悲しいこともあるけど，本を読む人はとってもかしこくしたり，心をやさしくしたりするんですよ。いま読んだ本のことも考えてみてください。

　先生は，みんなと同じ小学2年生のお誕生日に「おやゆびひめ」という本をお姉さんからプレゼントされました。とてもうれしくて，一生懸命読んで，いまでもその表紙の模様も，さし絵も覚えていますよ。

　さて，「いじめ」の問題ですが，このクラスではそういうことのないよう，みんなで気をつけようね。

　つぎのGさんの作文の一部は，

……わたしも2〜3かい
「ふけつきんタッチ」
といわれたことがあります。いわれたけど、わたしはいい
かえさないで、「だれがさいしょにいったの？」
と、きいたのです。……

こう正当に反論できる勇気を持つ子に育ってほしいと思います。もう1人の子は，

こわいはなし　　　　　　　　　　　　　　　　　　　O子
　こわいです。じぶんがそんなんなったらどうしたら、どうしようもないよ……ドッキンドッキンなきそうだ。と体からきこえた。……「フケツキンタッチ」ってきもちわるいからほんとにやめてもらいたいです。いじめなんかとんでいけー‼　ってかんじ。
　わたしはいじめがきらい。ひとがどんどんしんでゆく。こわくてこわくてビクビクするようなきがする。
　　♪いーじめなんかーとんでゆけー
　　　ひーとがどんどんしんでゆくー
　　　しーんでゆくとーこわいからー
　　　いーじめなんかーとんでゆけー
　　　いじめる人はーどこにいるー

いじめる人はここにいるー
　　　どーこーだどーこーだ
　　　こーこーだここーだ
　　　りんごをむしゃむしゃたべているー
　　　る　るるんだぞー
　　　ぞ　ぞぞぞ
　これで歌はお・し・ま・いだっよーん。おもしろかった。さっきのきょくの名前はね、いじめよとんでけっ！！ってきょくなの。さあこんどのきょく　いじめきらい　とゆうきょくです。ではいきます。
　　♪　いーじめはきらいーだ！！
　　　はーん人は家の中でー
　　　じー分のへやにとじこもってるー
　　　そこでーりんごをむしゃむしゃたーべているー
　　　むしゃむしゃむしゃむしゃたべてーいるー
　　　そーのはんにんはー
　　　リンゴがすーきーさー
　ってきょく。　どう？　まいったかーわっはっはー。

　こんなにおもしろい楽天性というか，「いじめ」を笑い飛ばす気持ちというか，そういう子どもにも育ってほしいものです。

先生へのアドバイス

「いじめ」克服に力をいれる学級づくりを

「いじめをなくす以上に大切なことが，先生方の仕事にあるのですか！」と，ある保護者が切実な声で先生たちに迫ったと，新聞報道にありました。
「いじめ」による自殺などがあいついだ時期の報道のひとつです。

●教師側の自覚も大切

　学校では，学習と生活指導は中心的な柱ですが，その生活指導的内容の中でも，「いじめ」をどうなくすか，その前に発生自体を許さない学級をどうつくるかが重要です。

　「子どもの人権条約」についても，現場でもっともっと話題にし，先生方が勉強もしなければなりませんし，子どもの人権とかかわる「同和問題」についても，さらに正しい認識を深めねばならないでしょう。

　「いじめ」や「不登校」の原因も，低学年ではとくに担任の認識の低さ，「子どもにはよくあること，たいしたことはないだろう」という考えや，子どもを傷つける不用意な発言・行為から来ることが多いと指摘されています。

　子どもたちがどういうことで小さな胸を痛めているか，を感じることができる教師のアンテナが必要です。

　さきに紹介したM子さんも，学校に行くため「朝がくるのが楽しみ……」とまで作文に書くようになり，みるみるすてきな笑顔をとりもどすことができました。ご両親からも感謝されました。問題にかかわった子にも，ほとんどダメージを与えることなく解決できたと思います。

　しかし，中～高学年になりますと，「席がえ」のように簡単なこ

先生へのアドバイス

とでは解決できなくなります。それを誤ると、いっそう「いじめ」を深刻化させる場合もありますから、慎重な対応が必要となります。

●「わたしのいもうと」をめぐって

さきにとりあげた松谷みよ子さん著の絵本「わたしのいもうと」をめぐって、仲間の教師から意見をいただきました。

「この中には、いじめを克服していこうという積極面がないのではないか。いじめの恐ろしさを直感させることはできるが、暗いのでは……」というものです。

なるほど、「いじめ」を原因として、死んでいってしまう「わたしのいもうと」は、読んでいても涙が流れるほどの悲しさに満ちあふれている作品です。

しかし私は、低学年での「いじめ」克服は、きちんと「感性」に訴えて、しっかり心に沁みとおるものであってほしいと思っています。

子どもたちも、何人もが授業のあとで「先生のこわーい話」についての作文を書いていました。

「いじめ」は人をも殺してしまうほど大変なことなんだ、という思いをわからせることも、「いじめ」克服に役立つのではないでしょうか。

みなさんもぜひこの作品をとりあげて、ご討論くだされればさいわいです。

●まだまだこれから

これからも「いじめ」「不登校」「子どもの人権」の問題は大きな柱として、教育の重要課題になるでしょう。

「子どもの人権条約」については、私の編著「全校・学年集会ランド」（いかだ社刊）の中に「子どもの人権条約って知ってる」という全校集会の例が出ていますので、ご参照ください。

重い課題かもしれませんが、いずれもたいへん重要視して取り組まねばならないことは確かですね。

すぐ役立つ紙あそび

フワフワユーホーであそぼう

折り紙を使ってつくります。

●つくり方

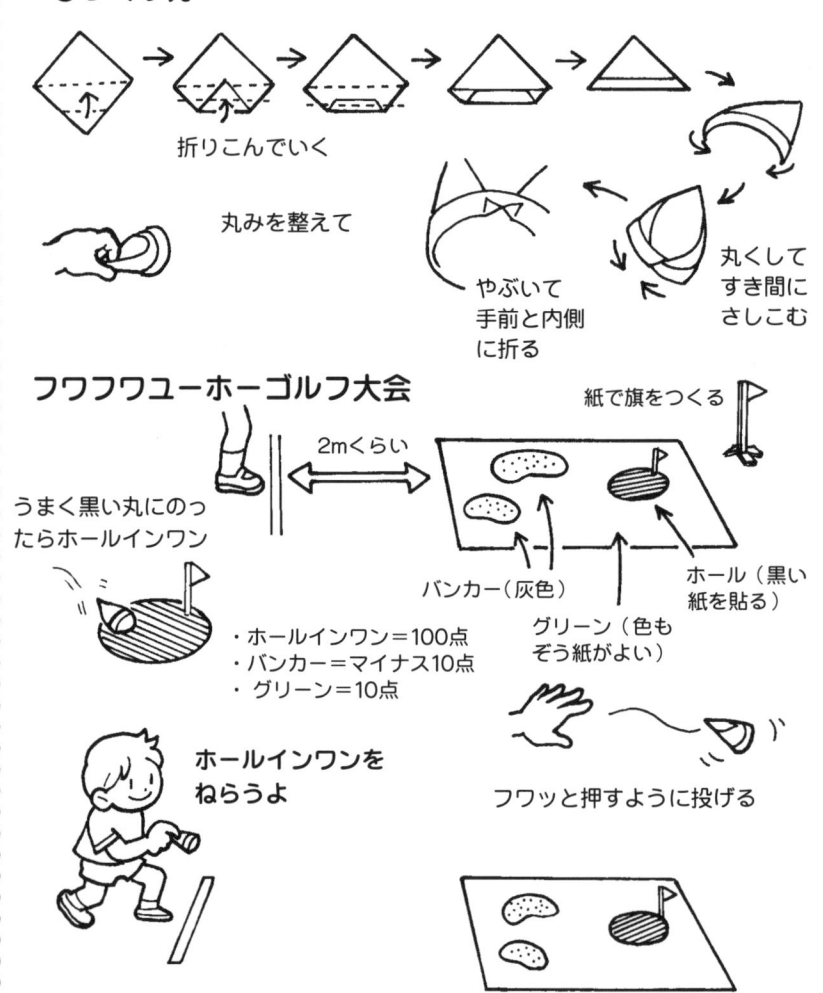

折りこんでいく

丸みを整えて

やぶいて手前と内側に折る

丸くしてすき間にさしこむ

フワフワユーホーゴルフ大会

2mくらい

紙で旗をつくる

うまく黒い丸にのったらホールインワン

バンカー（灰色）

ホール（黒い紙を貼る）

グリーン（色もそう紙がよい）

・ホールインワン＝100点
・バンカー＝マイナス10点
・グリーン＝10点

ホールインワンをねらうよ

フワッと押すように投げる

「いじめ」を出さない学級づくり

学級通信を活かした学級づくり・授業づくり

「学級通信」を出す出さないは担任の自由ですし，指導書に出せとあるわけではありません。
でも，「学級だより」がいまも有効な教育手段のひとつであることは，私の経験からして確かなものと言えましょう。
確かに「手間ひまかかる」ものですが，工夫をすれば（書くのになれれば），1枚30分くらいでつくることもできます。

　この章では，「学級通信」の効用について，実践例を出しながら，学級づくり・授業づくりに活かすとりくみを紹介します。
　学級通信は，子どもたちの学校・学校でのようす，いま勉強していることなど，保護者の要求にこたえる大きな「きずな」の役割をはたしてくれます。
　そのまま拡大コピーして使っていただけるものもありますので，ご活用ください。

楽しい学級通信づくりのノーハウ

タイトルをつくる

❶**タイプ** 教師がタイトルを決める。あらかじめタイトル部分のみをコピーして切り分け，原稿ファイルの裏表紙にはりつけた封筒へ入れておく。

❷**タイプ1** 1～3号はタイトル部分を空白のまま発行し，子どもたち（保護者も）から募集する。

❷**タイプ2** タイトルが決まったら，全児童にそれぞれ自筆でタイトル文字を書いてもらい，それを順番に使っていく。（枠組みを印刷した紙を渡して，文字を書いてもらう。自分の署名も。）

見出しをかく

コピーに出ない黄色（薄緑）のサインペンで見出しを下書き。

❶**タイプ** その線を囲んで「ゴシック体」的な太字にしていく。

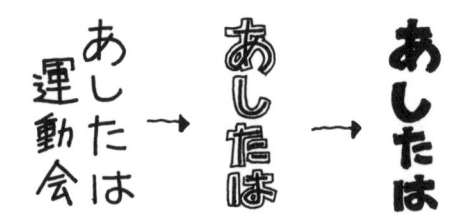

あしたは運動会 → あしたは → あしたは

学級通信を活かした学級づくり・授業づくり

❷**タイプ** 中心を太めに書き，そのまわりを細い線で囲む。

❸**タイプ** スクリーントーンをはったり，線を入れる。

★スクリーントーンをはる。　★線を入れる。

写真を入れる

写真入り学級通信は，子どもはもちろん保護者にも喜ばれます。

❶ 文字部分を書き，写真を置いて位置を決める。

❷ 別紙に写真位置を写して，写真をはる。

★切り抜いた写真もおもしろい。

★文字部分と対応させて，別紙に黄色サインペンなどで写真の位置を写す。

❸ 印刷機を「写真モード」にして，別紙を印刷。

❹ 写真が印刷された紙に，文字部分を重ね印刷する。（こんどは「文字モード」で。上下左右をまちがえないように。）

子どもたちの作文を載せる

　子どもたちの作文や詩を縮小コピーして用紙にはり込み，そのまま印刷する。(本人の掲載許可をもらうこと。)

　通信には保護者へ向けて「文や文字のうまい・へたなど評論禁止」とことわり文をそえる。(保護者会などでも念を押す。)

> わたしの2学きの目ひょうは友だちとなかよくするでした。20分休みも「やだ」と言われてもあきらめないで「いっしょにあそんで」と言うと「いいよ」と言ってくれました。火曜日と金曜日の昼休みもそれとおなじようなことをしていてくれています。でもしゃべってくれないときもありました。くやしくてなきそうでないたこともありました。(後略)　　ななみが

保護者にも投稿をお願いする

　私は1カ月に1回ほど，「らくがきカード」を学級通信とともに渡し，また，通信でも原稿募集を訴えて，たくさんの保護者の方から原稿をいただいた。
(掲載許可をもらった文を掲載した。)

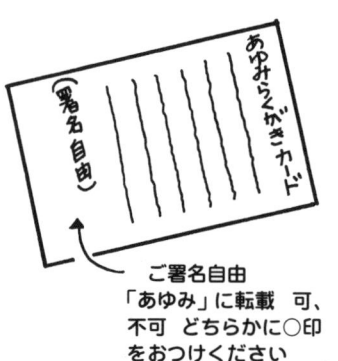

「あゆみらくがきカード」(署名自由)

ご署名自由
「あゆみ」に転載　可，不可　どちらかに○印をおつけください

寺田小学校 2年1組　あゆみ
No.100-8
1995.10.31

あゆみ「らくがきカードより……」

奥田先生へ

　"あゆみ"　100号　おめでとうございます。
　いつも　子供達の事や，四季おりおりの便りや　また，先生の私生活や　内容もりだくさんの"あゆみ"を　届けて頂き　感謝しております。ついつい　毎日の生活におわれてしまい　余裕なく過ごすことの　多いまいにちです。何にでも　一生懸命に取り組んでおられる　奥田先生の姿に　頭の下る思いです。2年1組の生徒みんなの　大好きな　奥田先生の　お人柄が　本当によくわかります。2学期も　半ばを過ぎ　子供達1人1人の成長に　一喜一憂してきた毎日の事とおもいます。さすが2年生　しっかりしてきました　個々の感性を十切にしてゆきたいですね　これからも　よろしく御指導下さいますようお願いいたし　　眞松

第1号や節目の号は力を入れて

「はじめよければ……」のことわざどおり，子どもたちや保護者のみなさんと初対面の第1号や，各学期のはじめ，とりわけ新年号はちょっと力を入れてつくりたいものです。

★カットは子どもたちに色エンピツで色を塗ってカラーにしてもらいます。

思いや願いを紙面に

担任の「思い」や「願い」などをエッセーや記事にして掲載しましょう。

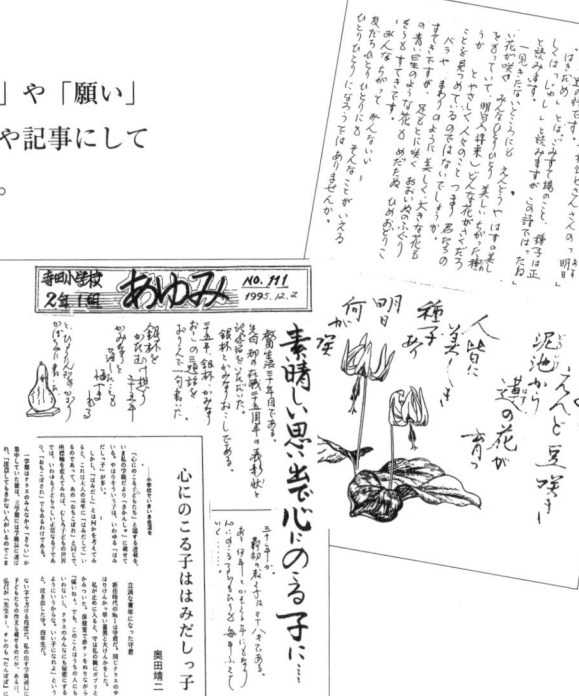

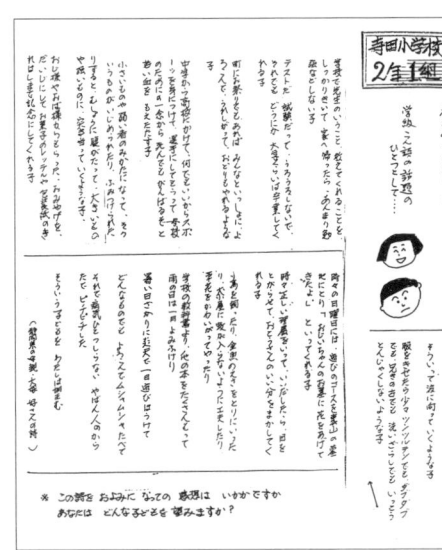

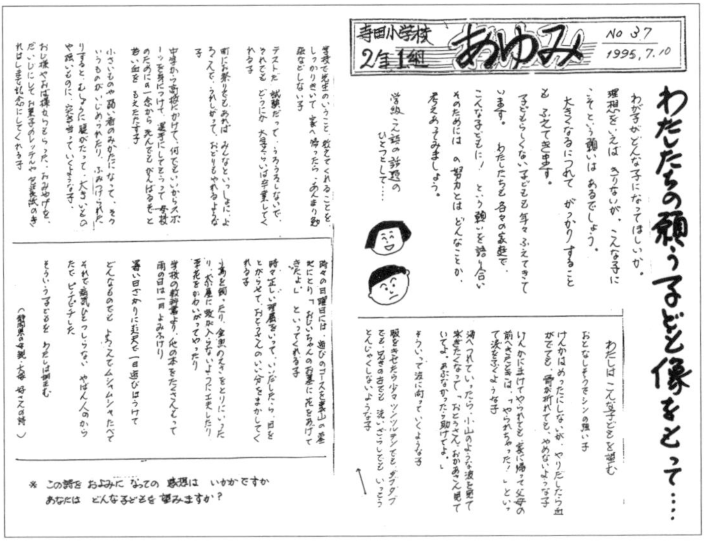

おわかれ号には感情こめて

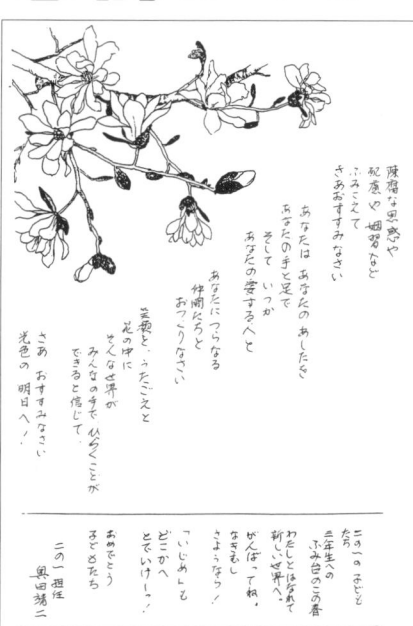

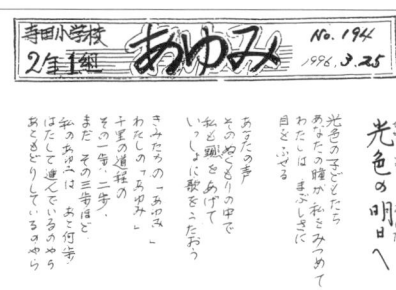

> 寺田小学校 2年1組 あゆみ No.194 1996.3.25
>
> ## 光色の明日へ
>
> 光色の子どもたち
> あなたの瞳と私をみつめて
> わたしはまぶしさに
> いっしょに歌をうたおう
>
> きみたちの「あゆみ」
> そのぬくもりの中で
> 私と闘をあげて
> いっしょに歌をうたおう
>
> その一年、二年、
> まだ、その三年ほど
> 私の「あゆみ」はどこ何号
> はたして違っているのやら
> あともどりしているのやら
>
> あなたの光々が
> 「輝いているんだよ。
> すすみなさい」
> ときっぱりと言えない
> 思いとして、少し胸が痛むけど
>
> その行く道は
> まぎれもなく あなたの
> 彩り 何かを違うように
> おかされそうに
> すぐ新芽光の暗いところへなら、
> 一行くらいは、とめをならかしら
>
> あなたは
> おすすみなさい
> ちょっちょなどせずに
>
> 陳腐な思惑や
> 配慮や細部など
> ふみこえて
> さあ おすすみなさい
>
> あなたは あなたのあしたを
> そして いつか
> あなたの手と足で
> あなたの愛する人を
>
> 笑顔と、うたごえと
> 花の中に
> さくい世界が
> みんなの手で 心ぶかくは
> できることを信じて。
>
> さあ、おすすみなさい
> 光色の明日へ。
>
> 二つのこどもたち
> わたしとはなれて
> 三年生のふるたちこの春
> 新しい世界へ
> がんばって柷
> さよなら！
> 「いじめ」して
> どこかへ
> とでいけっ！
> おめでとう
> そらだちよ
> 二の一 担任
> 奥田靖二

1～2年間，担任としてともにすごした教え子たちとの進級によるおわかれは，ちょっぴりおセンチになるものです。自作の詩に思いをこめて……。

「あんなこと…こんなこと…」

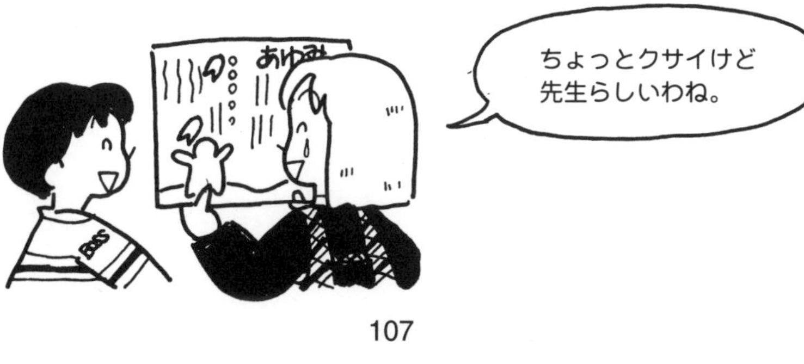

「ちょっとクサイけど先生らしいわね。」

学級通信を活かした学級づくり・授業づくり

新聞記事などを取り入れて

学級通信を活かした学級づくり・授業づくり

悪ガキ一喝、頑固親父

会社員　児島　正二　31
（大阪市東淀川区）

私の仕事は外回りの営業です。先日も大阪市内のある町を歩いていたところ、団地の収集場に置かれたごみ袋を、清掃局の職員さんたちが集めていました。

そこへ、平日の午前中にもかかわらず、三人の小学生が通りかかりました。そして、口々に「ワー、くっさ。きたないごみ屋や」などと、はやし立てたのです。

その時、団地の二階ベランダから「あほんだら！」と物すごい男性の声が響きました。そして、その男性は降りて来て、こうしかりつけました。「君ら、まじめに仕事する人を笑うのは、人間として最低のことやぞ！」

小学生たちはシュンとなって、叱られるまま、素直に「おっちゃんに、ごめんね」と謝りました。職員さんたちの目が笑っていました。しかった男性は、見るからに頑固親父といった風体で、怒鳴り声にも年期を感じさせました。その風体で、小学生に「君ら」と呼びかけるのが、どこかとぼけた味がありました。

すぐ近くにいながら、しかれなかった自分を反省しつつ、こんな頑固親父がおったら、まだまだ安心やなと妙な安らぎを感じ、その日一日は不思議と、ほのかに温かい気分で過ごしました。それは久々に会った父と、一杯酌み交わした時のような気分でした。

毎日新聞より

わたしと小鳥とすずと

金子　みすず

わたしが両手をひろげても、
お空はちっともとべないが、
とべる小鳥はわたしのように、
地面をはやくは走れない。

わたしがからだをゆすっても、
きれいな音はでないけど、
あの鳴るすずはわたしのように
たくさんなうたは知らないよ。

すずと、小鳥と、それからわたし、
みんなちがって、みんないい。

「金子みすず全集」（JULA出版局刊）より

毎日新聞より

新入生の個性知って教育じて

小学校教員　藤井　憲和　49（岐阜市旭区）

あの時の出逢いが
人生を根底から
変えることがある
よき出逢いを
　　　みつを

ひとりでもいい
こんなほんとうの
生きていてよかった
そういう
あなたにめぐりあえたら

つまり　こんな
どんなにかくるしいことがあっても
あなたにめぐりあえたら
生きていてよかった
そういう
あなたにめぐりあえたら

ひとりでもいい
くれる人が
あれば

相田みつを詩集
「にんげんだもの」
（文化出版局刊）より

○ 楽しいクイズも

そこでたのしくてむずかしいクイズ

ある人が にわとりと きつねと
お米のふくろを もって きしべで川を わたります。

ふねには この3つのうち 1つしか のせられません。

・にわとりと きつねを のこしておくと
　きつねは にわとりを 食べる

・にわとりと 米を のこすと にわとりは
　米を食べる

・きつねは 米は 食べません。

ある人が そばにいると いいのですが どうして 川をわたるでしょう？

カットを活かして

　自作のカットがいちばんですが，市販のカット集などもうまく使って，紙面を楽しくしましょう。

　また，子どもたちにかいてもらったり，上級生（マンガクラブや図工クラブ）に頼んだりするのもいいですね。

授業づくりに活かす

　「学級通信」の記事をとおして，授業に活用するのもよい方法です。
　その時どきにすすめている教科の内容をとりあげます。

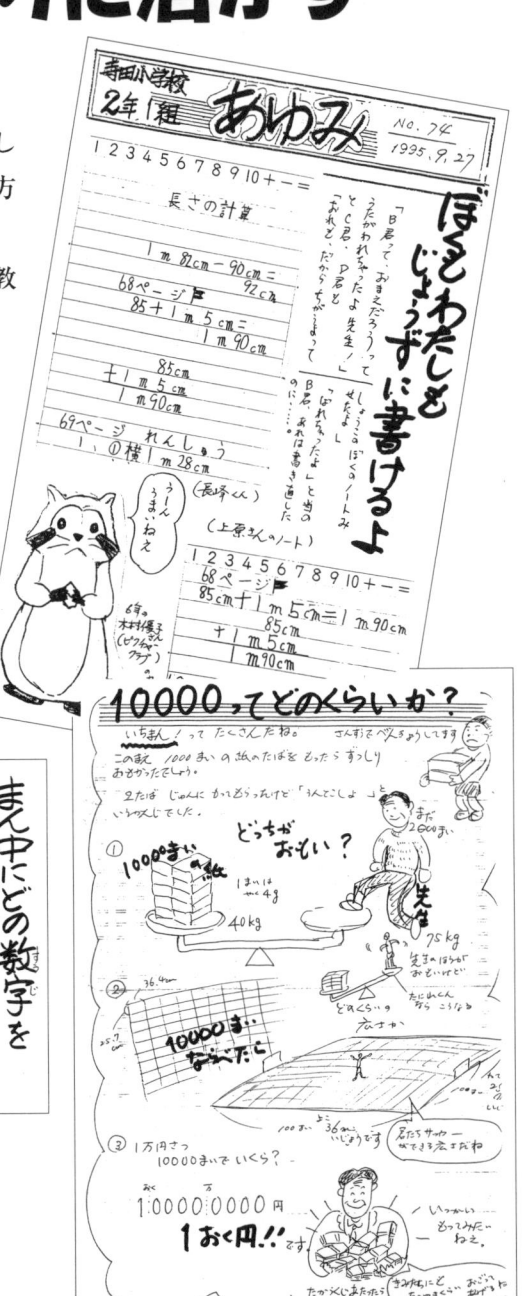

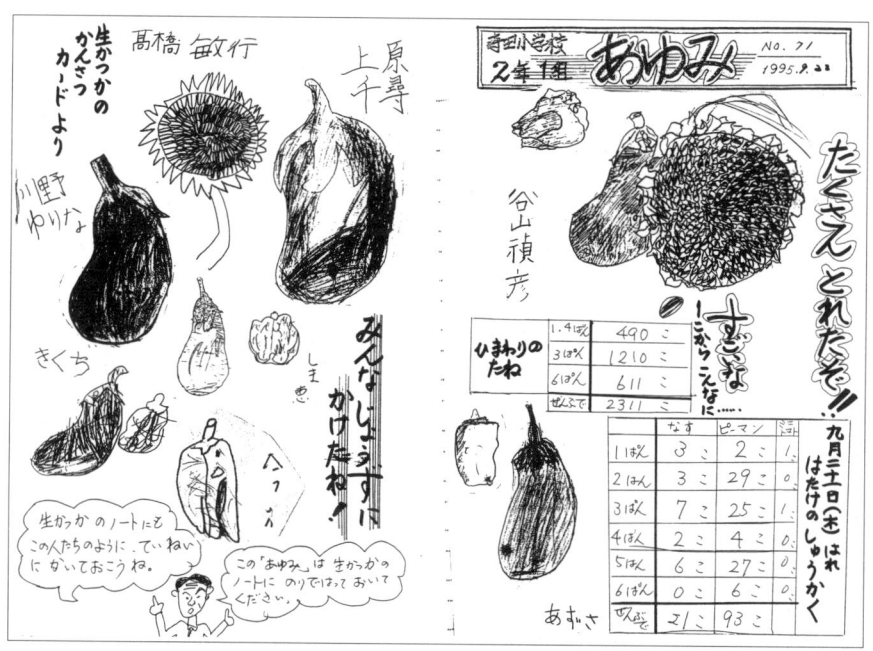

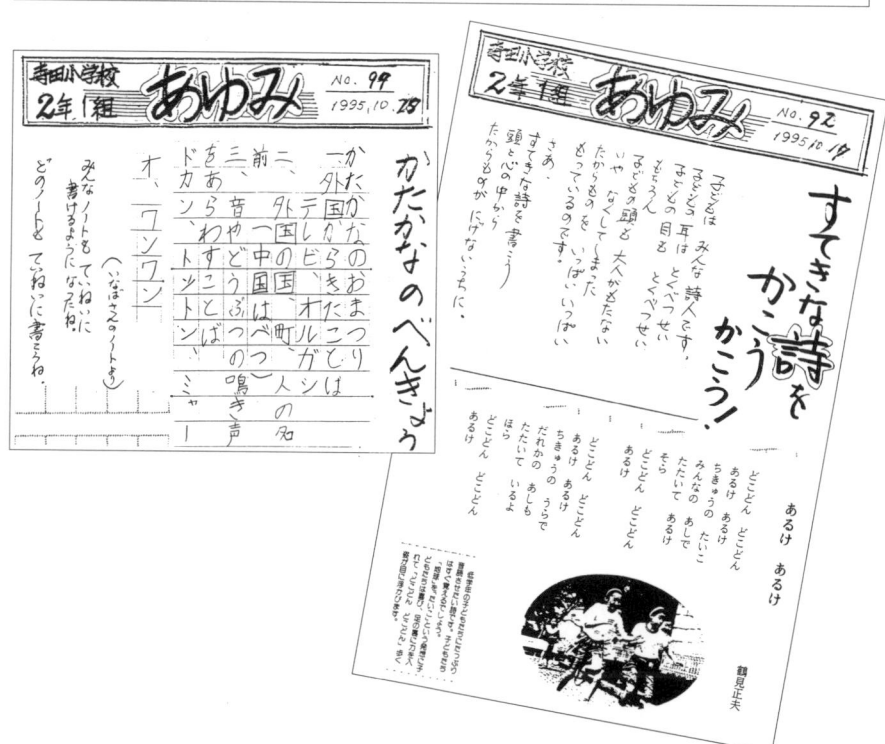

学級通信を活かした学級づくり・授業づくり

国語のノートを正しく・きれいに

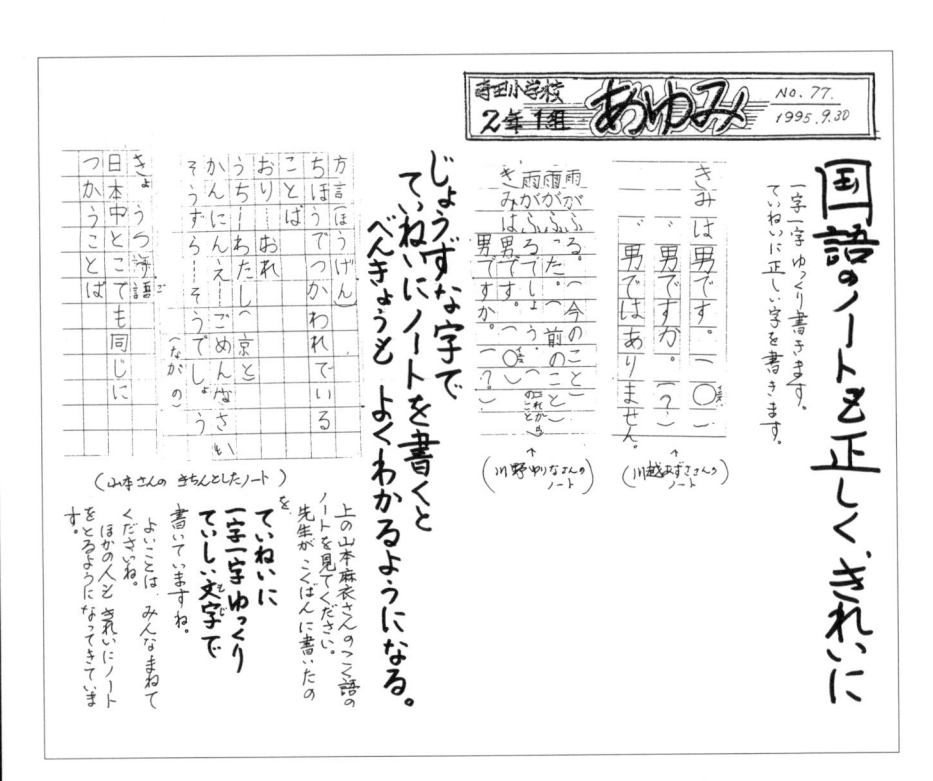

寺田小学校 2年1組 あゆみ
NO.77
1995.9.30

一字一字 ゆっくり書きます。
ていねいに正しい字を書きます。

```
雨がふる。
雨がふっている。(今のこと)
雨がふった。(前のこと)
きみは男です。
きみは男ですか。(？)
きみは男ではありません。
```
（川野ゆりなさんのノート）

```
きみは男です。
一、男ですか。(？)
一、男ではありません。
```
（川越みずきさんのノート）

じょうずな字で
ていねいにノートを書くと
べんきょうも よくわかるようになる。

方言 (ほうげん)
ちほうでつかわれている
ことば
おれ
うちら
かんにん・ごめんなさい
そうずら・そうしょう (ながの)
京と
きょうつう語
日本中どこでも同じに
つかうことば

（山本さんのきちんとしたノート）

上の山本麻衣さんのつく語のノートを見てください。
先生がこくばんに書いたのを
ていねいに一字一字ゆっくり
ていしい文字で
書いています。
よいことは みんなまねて
ください。
ほかの人も気れいにノート
をとるようになってきてま
す。

ノートを正しくとる

直角

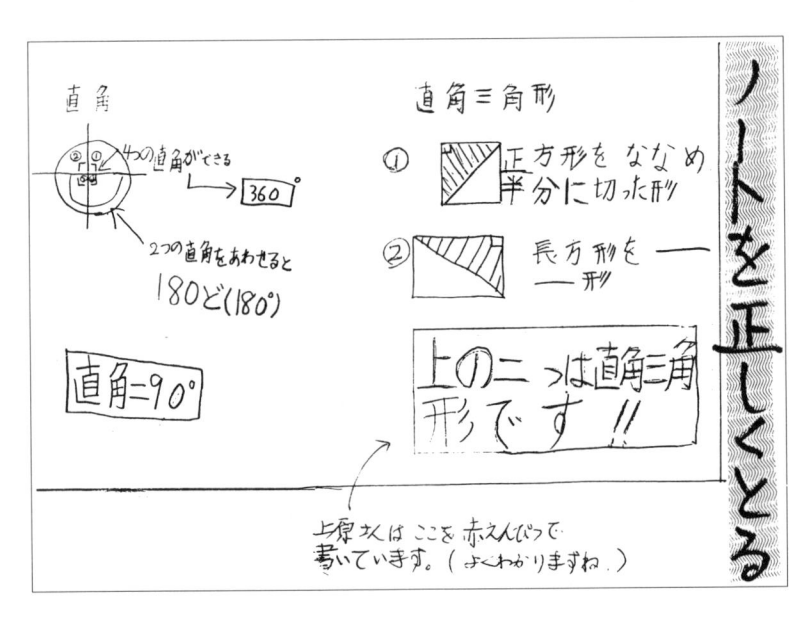

4つの直角ができる → 360°

2つの直角をあわせると
180ど (180°)

直角＝90°

直角三角形

① 正方形を ななめ 半分に切った形

② 長方形を ─ ─ 形

上の二つは直角三角形です!!

上原さくはここを赤えんぴつで
書いています。(よくわかりますね。)

担任の情報も紙面に

　家族のことも記事にして、「先生」であると同時に、家庭では「親」であることを知ってもらい、同じ「仲間」としての親しみを抱いてもらうようにするといいですね。

　わが家の家庭新聞「たんぽぽ」を紹介したりもしました。

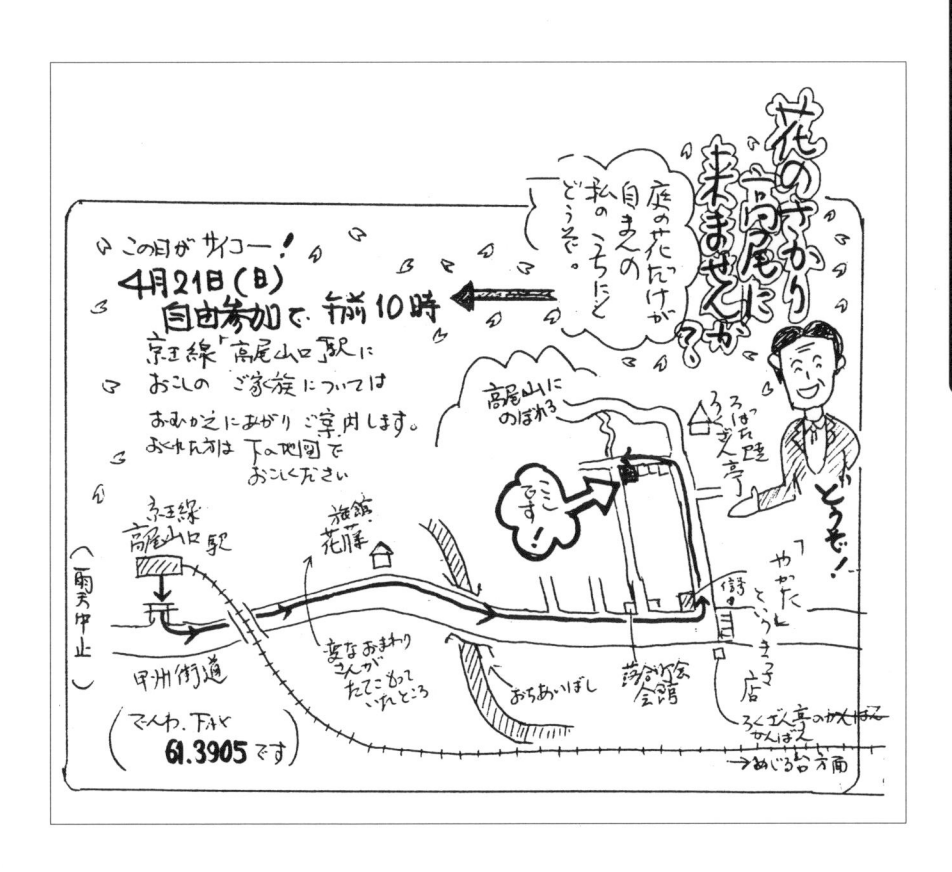

学級づくりに活かす

「べんきょうがんばり表」をつけるのもよいでしょう。

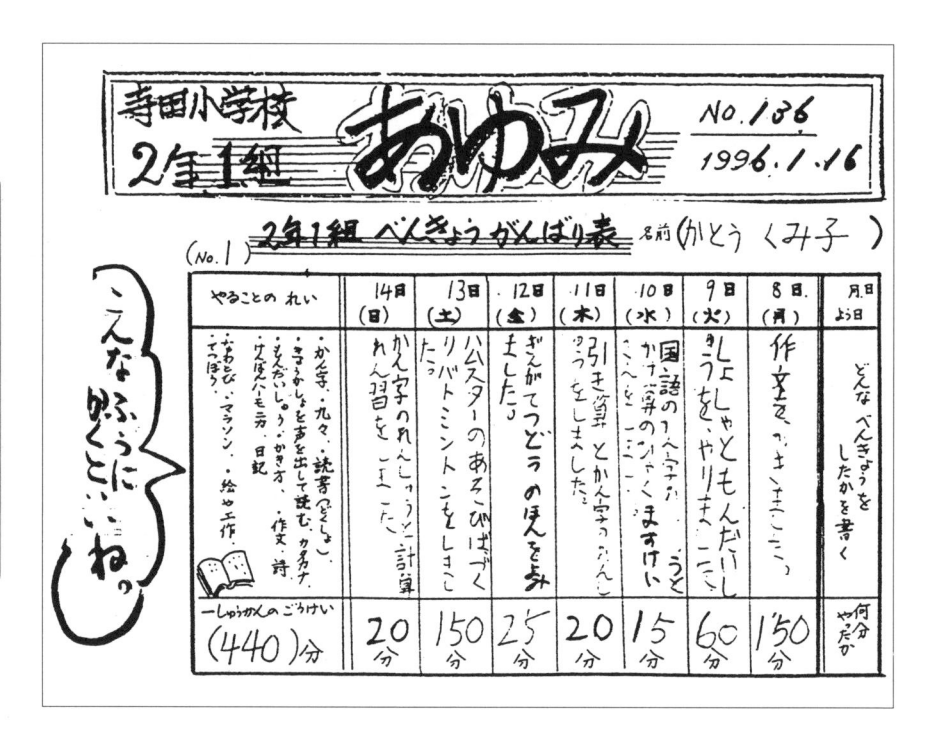

みんなでやろう「花クイズ」

あなたはいくつおわかりですか？（季節をまちがわないでくださいね。）

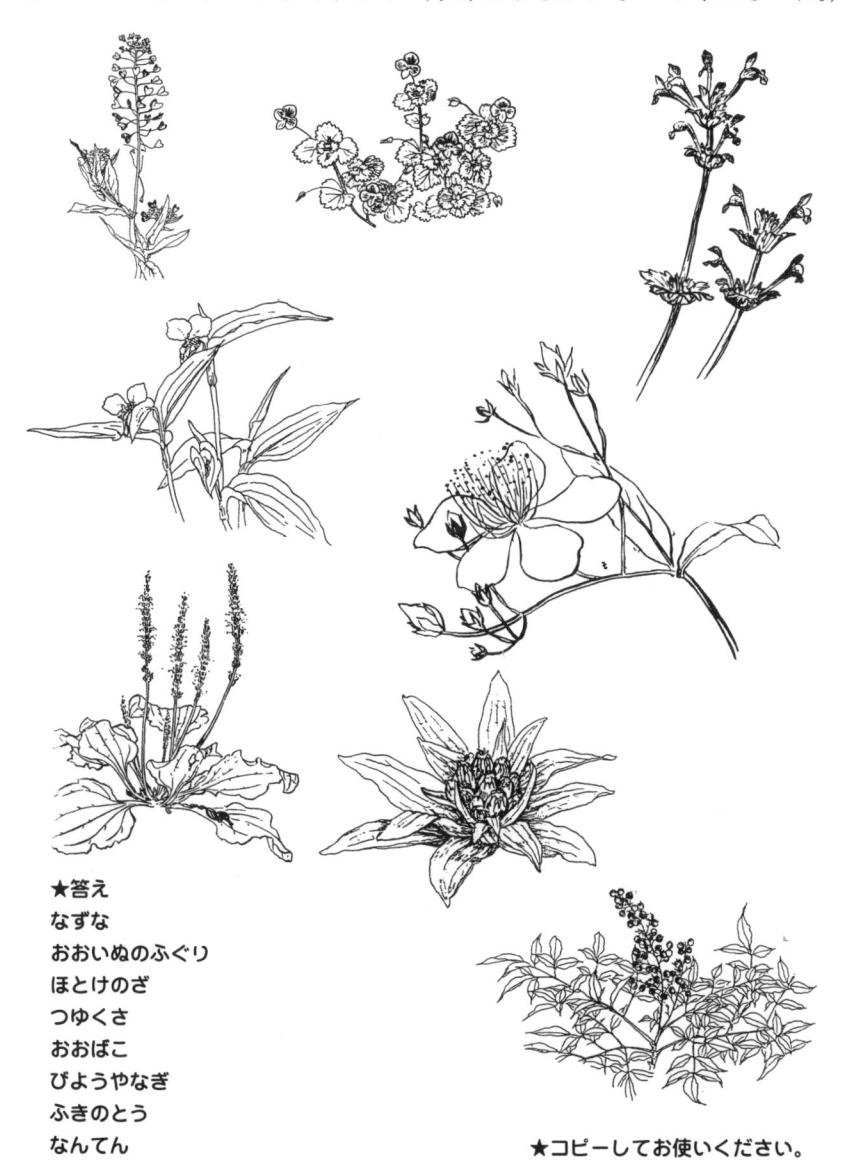

学級通信を活かした学級づくり・授業づくり

★答え
なずな
おおいぬのふぐり
ほとけのざ
つゆくさ
おおばこ
びようやなぎ
ふきのとう
なんてん

★コピーしてお使いください。

「鳥クイズ」もやってみよう

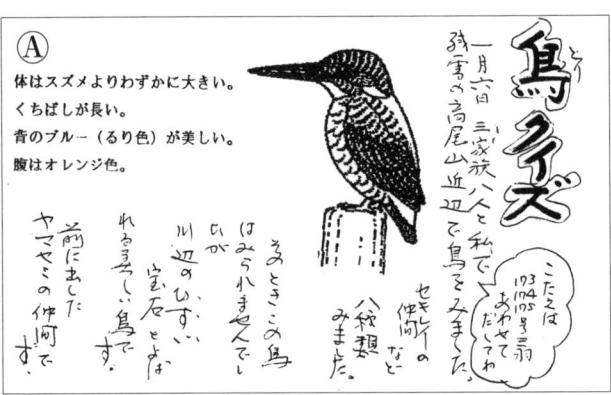

A
体はスズメよりわずかに大きい。
くちばしが長い。
青のブルー（るり色）が美しい。
腹はオレンジ色。

鳥クイズ

一月六日、三蔵法人と私で残雪の高尾山近辺で鳥をみました。

こたえは 131・134・135号で あわせてよんでね

えさとりの時この鳥がみられませんでしたが川辺のひすいとよばれる美しい鳥です。前にもだしたヤマセミの仲間です。

セキセイの仲間など八種類みました。

B
体はハトくらいで尾が長い。
頭が黒く背から尾はブルーがかったグレー。
集団を作る。
尾の先が白い。
姿の美しい鳥。

なきごえは ギィーギィー

と ちょっとよくないケド

とりクイズ

冬のとりです。
気をつけてくれば、幸田のまわりにたくさんいるよ。

とりクイズのこたえ

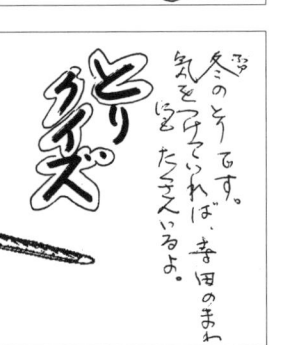

Ⓐ かわせみ
Ⓑ おなが
Ⓒ せきれい
Ⓓ やませみ

C
とりクイズ

川辺の石の上をピョンピョン
長い尾をピコピコ
パッととびはじめ
背中の黒や羽の白黒がダンディで

背中が黒いので せぐろ○○○

D
とりクイズ

つっぱり風の頭の毛みだれな川べり羽のとりです。
清流の魚なしには生きられない。
高尾山近くの川で8ぴったり見られなくなってきました。
（こたえは 25日におしえてね）

○○○○
※こん虫みたいな名まえだけど‥‥

学級通信を活かした学級づくり・授業づくり

家族とあそぶ冬休み

　冬休みの前，1週間ほどのあいだに3〜4回，特集記事として，こんなコーナーをつくってみるのも楽しいでしょう。

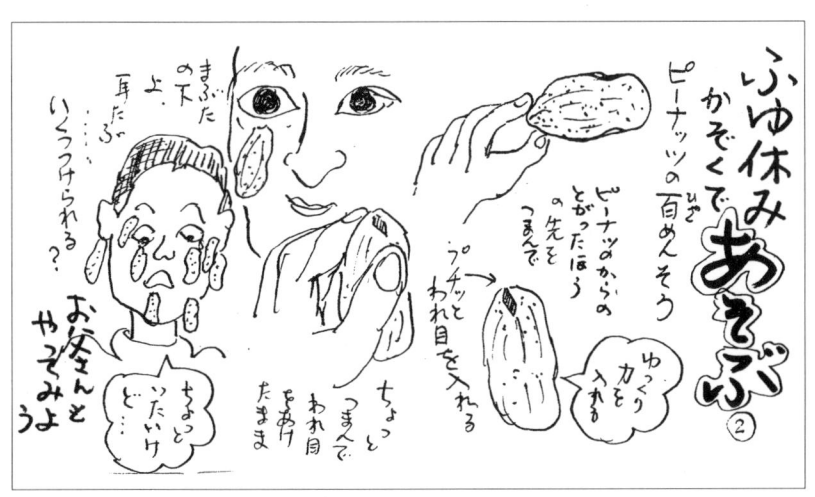

子どもたちの赤ちゃん時代の写真を載せて，だれだか当てっこです。（先生の写真も混ぜるとおもしろいですね。）

★子どもにもらった「がんばり賞」です。

楽しい行事づくり

学校週休2日制がとり入れられ，授業のスリム化がうたわれている中，「行事」へのとりくみは，いっそう精選化されていくようです。
しかしこれは，「学校を楽しく」という側面からみると，子どもたちにとっては「学校へ来る楽しみ」が減らされるようにも思えます。

　行事を生かし，子どもたちが楽しく学校生活をおくる中で学ぶ……とりわけ文化的なとりくみは，子どもたちの好奇心や心を育てるうえで大切な学びであると思います。
　このために，いままでつくりあげてきた学校の伝統的なとりくみも大切です。
　その地域の特色を活かすことに注目してみることも必要と思われます。
　「行事」を子どもたちにとっても，教師にとっても，真に楽しい存在にしたいものです。

学習発表会
紙芝居，群読と合唱の発表

　八王子市立寺田小学校では，「学習発表会」で，各学年が学習発表，合唱・合奏発表などを行ないます。
　2年生は紙芝居「かいこがきたよ」と群読，合唱に取り組みました。

❶紙芝居「かいこがきたよ」

- ぼくたちは，いろんな花や虫を見つけたよ。
- オオバコを見つけました。
- おもしろい実があって，指で押すとくるくるとなります。
- いなごもバッタも見つけてうれしかったよ。

- 四葉のクローバーも見つけたよ。
- オニヤンマは，ちょっとこわかったよ。
- シュレーゲルがえるを見つけておもしろかったんだよ。

- 教室では，かいこを育てました。
- これから，かいこの紙芝居をします。

- あー，かいこがいるよ。
- ほんとだ，みんな見ようよ。
- すごいね。

- 観察しよう。
- そうだね。
- かわいいね。

楽しい行事づくり

- 初めてかいこにえさをあげたときは、ちょっとこわかったよ。
- なれてきたら、かわいいなあーと思ったよ。
- お友だちが、クワのはっぱをもってきたよ。
- クワのはっぱは、田んぼの近くにありました。はねて、とんで、はっぱをとりました。
- 学校にくる途中の道にもあるよ。
- お友だちがいっぱいもってきてくれたよ。

- はっぱのとりかえは大変だった。
- それは、はっぱにフンがついているからだよ。
- クワのはを入れると、かいこがはっぱの下じきになっているみたいに見えたよ。

- かいこがきたときは1cmくらいだったよ。
- だけど、クワのはをいっぱい食べたから、5cmくらいになったね。
- たくさん食べてくれてうれしかったよ。
- さわってみたら、プニュプニュしてたんだよ。

- マユをつくるとき、かわいかったよ。
- 一生懸命つくって大変そうだったよ。

楽しい行事づくり

- マユをもってみたらフワフワでした。振ってみたらポコポコ鳴ったよ。
- マユがいっぱいできて，かいこが少しいなくなったよ。
- マユがちょっとずつ大きくなったよ。
- 白いマユがいっぱいできたよ。

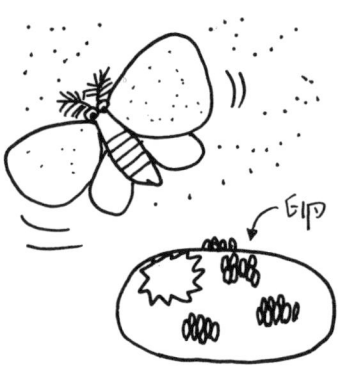

楽しい行事づくり

- マユがガになったよ。
- ガがたまごをうんだよ。
- 小さな黄色いたまごだったよ。
- 友だちはうれしそうに笑っていたよ。
- ガのはねをさわったら，白いこながついた。

- かいこの紙芝居はどうでしたか。これからも花や虫たちとなかよくしていきたいです。

❷群読「あいうえおうた」と「おまつり」

各クラスごとにの詩を群読しました。

おのおの，自分のパートを大きな声で，元気よく読みます。力いっぱいの声に，保護者からも，ほほえましい笑い声と拍手がわきます。

❶「あいうえおうた」 ★谷川俊太郎 詩

	ソ ロ	アンサンブル	コーラス	全 員
1	あいうえおうた			
2	あいうえおきろ			
3		おえういあさだ		
4			おおきなあくび	
5				あいうえお
6	かきくけこがに			
7		こけくきかめに		
8			けっとばされた	
9				かきくけこ
10	さしすせそっと			
11		そせすしさるが		
12			せんべいぬすむ	
13				さしすせそ
14	たちつてとかげ			
15		とてつちたんぼ		
16			ちょろりとにげた	
17				たちつてと
18	なにぬねのうし			
19		のねぬになけば		
20			ねばねばよだれ	
21				なにぬねの
22	はひふへほたる			
23		ほへふひはるか		
24			ひかるよやみに	
25				はひふへほ
26	まみむめもりの			
27		もめむみまむし		
28			まいてるとぐろ	
29				まみむめも
30	やいゆえよるの			
31		よえゆいやまめ		
32			ゆめみてねむる	
33				やいゆえよ
34	らりるれろばが			
35		ろれるりらっぱ		
36			りきんでふけば	
37				らりるれろ
38	わいうえおこぜ			
39		おえういわらう		
40			いたいぞとげが	
41				わいうえお
42				ん！

楽しい行事づくり

❷「おまつり」

　大きな声のかけあいがひびきます。どの子も力いっぱいの群読です。練習には一定の時間もかかりますが，どの子も楽しく演じることができます。

　「わっしょい，わっしょい」のところなど，ステレオ式に左右からひびき合うようにすると効果的です。（声の大きさにも変化をつけるよう指導します。）

　みこし，はっぴ，まめしぼり手ぬぐいのはちまき，祭りウチワなどの演出があってもよいと思います。

	1	2	3
1		わっしょい　わっしょい	
2		わっしょい　わっしょい	
3	まつりだ	わっしょい　わっしょい	
4		わっしょい　わっしょい	まつりだ
5	せなかに　花がさ		
6		むねには　はらかけ	
7			むこうに　はちまき
8	そろいの　はっぴで	そろいの　はっぴで	そろいの　はっぴで
9			わっしょい　わっしょい
10	みこしだ　みこしだ		わっしょい　わっしょい
11		みこしの　おねりだ	わっしょい　わっしょい
12	さんしょうは　つぶでも		
13	ぴりっと　からいぞ		
14		これでも　いさみの	
15		やさかの　うじこだ	
16	わっしょい　わっしょい	わっしょい　わっしょい	わっしょい　わっしょい
17			おいらの　みこしだ
18			しんでも　はなすな
19			なきむしゃ　すっとべ
20			さしあげ　まわした
21	そら　もめ　もめもめ		
22	わっしょい	もめ	もめ
23	わっしょい	もめ	もめ
24	わっしょい　わっしょい	わっしょい　わっしょい	わっしょい　わっしょい
25	きんぎょやも　にげろ		
26			ほおずきやも　にげろ
27	ぶつかったって		
28			知らぬぞ　わっしょい
29		そらどけ　どけ　どけ	
30	どけどけ　どけどけ	どけどけ　どけどけ	どけどけ　どけどけ
31	あのこえ　どこだ		
32	あのふえ　なんだ		
33		あっちも　まつりだ	
34			こっちも　まつりだ
35	こどもの　まつりだ	こどもの　まつりだ	こどもの　まつりだ
36	（　）の　まつりだ	（　）の　まつりだ	（　）の　まつりだ
37	まつりだ　まつりだ		
38		まつりだ　まつりだ	
39			まつりだ　まつりだ
40	わっしょい　わっしょい		
41	わっしょい　わっしょい	わっしょい　わっしょい	
42	わっしょい　わっしょい	わっしょい　わっしょい	わっしょい　わっしょい
43	まつりだ！	まつりだ！	まつりだ！

北原白秋「お祭り」から。「朗読・群読テキスト」（民衆社刊）より。

❸合唱「十二月の歌」

最後は，2年生全員による合唱。嘱託のI先生の軽妙なピアノ伴奏で，子どもたちも大いに乗ってうたいます。

十二月の歌

マルシャーク　詩
「森は生きている」より
湯浅芳子　訳
林　光　曲

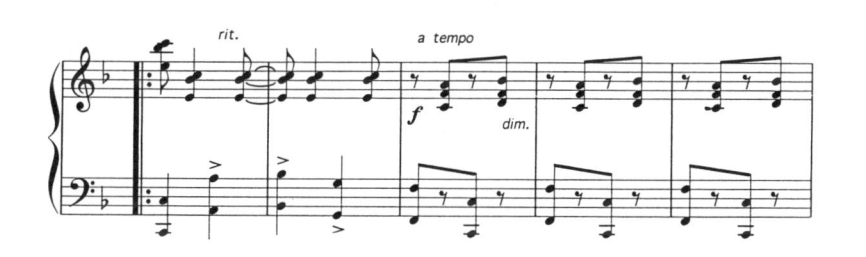

（♩=120～132くらい）

もえろ　もえろ　あざやかに
もえろ　もえろ　パチパチと
すばこに　はこぶ　みつばちの

「十二月の歌」冒頭部分。「授業と保育のための歌曲集『かがやく歌』Ⅱ」より。
音楽教育の会編（えみーる書房発行・あゆみ出版発売）

❹群読・合唱「森は生きている」

なお,「森は生きている」は群読と合唱を組み合わせて,つぎのような脚色作品としてとりくむこともできます。2～4年生ていどで可能な内容です。

> うたとおはなし
>
> # 森は生きている
>
> 作：サムイル・マルシャーク
> 脚色：板倉　純（現八王子市立寺田小学校嘱託教員）
>
> 1　サムイル・マルシャーク作,森は生きている。
>
> (歌) 森は生きている
>
> 2　ここは,冬の森。だれの足音もない,いちめんの雪。森の木たちは,みんなふかふかのぼうしを,かぶっています。
> 3　やがて,太陽の光が,さっと雪の上をはしって,しげみからのぞいた白っぽい灰色オオカミの頭,松の木にとまっているカラス,りすたち,うさぎの親子をてらし出します。
> 　　いのちあるものが,うたいおどりだし,森は生きかえってきます。
>
> オオカミ　「ウーウーウー。ちょっと見ると森にゃあ,だれもいねえみたいだ。だまされねえぞ。りすもうさぎも,みんな食っちまってやるぞ。」
> カラス　　「カーカーカー。うそつけ,みんないっぺんに食っちまえるもんか。」
>
> (歌) カラスの歌
>
> うさぎ　　「りすくん,ねえ,りすくん。おにごっこしようよ。おてんとう様をよぼうよ。春をよぼうよ。」
> りす　　　「やろう,うさぎくん。だれが先に鬼になるの。」
> うさぎ　　「かぞえてみて,あたったものがさ。」
> りす　　　「じゃ,かぞえよう。」

（歌）うさぎとりすの歌

4　動物たちのようすを，木立の間にたちどまって見ているむすめがいます。
5　それは，よくはたらくむすめ，マルーシカ。はたらけば，はたらくほど美しくなるマルーシカです。
6　お父さんも，お母さんも死んでしまって，いまは，まま母とそのむすめと三人でくらしています。
7　まま母とむすめは，たいへんいじわるく，マルーシカをこきつかいます。
8　きょうも，新年の用意のために，マルーシカは雪がいっぱいつもった森へ，たきぎひろいに行かされました。
8　マルーシカは森の中で，親切なへいたいさんに会いました。女王様の命令で，新年のお城にかざる，モミの木を切りにきていたのです。
9　女王様はマルーシカと同じみなし子でしたが，けらいが何でもいうことをきくので，とてもわがままな女の子になっていたのです。
10　でも，マルーシカは，へいたいさんのために，森で一番りっぱなモミの木をおしえてあげました。

マルーシカ　「あらっ。」

（以下略）

なお，学芸会用として，この脚本をもとに，舞台装置，衣装などの演出をして，演じてもよいと思います。

脚本全文のお問い合わせは著者まで。

学芸会
集団創作演劇「花咲き高尾山」

　都立八王子養護学校の中学部の先生たちが，まだことばも満足に発することのできない子から，ちゃんとセリフの言える子までを対象として，文化祭に向けた集団創作劇にとりくんだことがあります。

　八王子の地域では有名な，子どもでもつねに親しんでいる高尾山を舞台に想定し，斉藤隆介さんの絵本「花咲き山」をモチーフとして創りました。脚本はもちろん，挿入歌も作詞・作曲しています。

　この作品を私が，小学2年生向けに改作・脚色した劇を紹介します。

　みなさんの地域の山を舞台に，さらに子どもたちの人数，状況にあわせて改作してくだされればさいわいです。

楽しい行事づくり

花咲き高尾山

半分のところから下に折り曲げると，柿の実の絵になる。

花　　太郎　花子　　くも　　イモ

開演前，緞帳（どんちょう）前にセットしたスクリーンに，OHPを使って，切り絵調カラーの花の絵を写す。
ナレーターにスポットライト。

N（ナレーター）① みなさん，今日も高尾山に，きれいな花が咲いています。
N② この美しい花は，だれが咲かせたのでしょう。
N③ さあ，私たちの劇「花咲き高尾山」で，花と子どもたちのおはなしをご覧ください。

C（子ども）❶ おーい，みんなー。こっちにこいよー。
C❷ わあ，きれいな花だあ。
C❸ たくさん，咲いてるね。
C❹ （太郎） 1本もって，帰ろうっと。
C❺ （花子） だめだめ，花をとっちゃいけないよ。
C❶ そうだよ。お山の花はとっちゃいけないよ。
C❷ きれいな花は，このお山にあるからきれいなんだよ。
太郎 そうかあ……。そうだね，花さんたち，ごめんね。
花子 まあ，すてき。太郎は本当はやさしいんだね。
太郎 へへへ……。そんなでもないよ。花ちゃんにそう言われると，てれちゃうよ。

ドドドドド……と太鼓の音がして，暗転。体育館のアプローチの雲型の上に天狗❶があらわれる。
舞台背景の山の絵の上部に花の絵のスライド（OHP）を写す。

C❸ あっ，天狗さまだあ。
子ども全員 天狗さまーっ！
天狗❶ 太郎や花子や子どもたち，あの花はおまえたちが咲かせた花じゃよ。おまえたちのやさしい気持ちが咲かせた花なんじゃ。
C全 天狗さまーっ，ありがとう！
天狗❶ ハッハッハハハ……，礼を言うのは，わしのほうじゃよ。子どもたち，元気であそべよ。

楽しい行事づくり

129

天狗❶のスポットライト消え，子どもたち，手をふりながら退場。
村の子どもたち（女の子）登場。「かごめかごめ」のあそびをはじめる。

G（女の子）全　「かーごめ，かごめ，かごの中のとりは，いついつ
　　出やる，後ろの正面，だあーれ！」
G鬼役　きーくーちゃーん！
G全　ちーがった！
G鬼役　なーんだ，さよちゃんだったの！

お母さん，おぼんにおまんじゅうを盛って登場。

母　みんな，なかよくあそんでいるね。さあ，おやつだよ。

（歌）「お母さんのテーマ」（合唱隊）

G❶　わー，おまんじゅうだ！
G❷　私にいちばん大きいのちょうだい。
G❸　さとちゃん，ずるーい。私にも大きいの。
母　まあまあ，どれも同じだよ。なかよくお食べ。
G❹　わあ，おいしそうだわ。
G❺　いただきまーす。

となり村の子3人（C❽，❾，❿）登場し，ようすを見ている。

G❶　あら，となり村の子どもたちかしら……。
G❷　こんにちは。どうぞ，こっちへいらっしゃい。

子ども3人，近づく。

G❸　ああ，そうだ。このおまんじゅう食べない？
G❹　私のも半分あげるよ。

C❽　ありがとう。私は，となり村のすずっていう子です。
C❾　ありがとう。私は，さきっていう名よ。
C❿　ありがとう。私は，ちよっていいます。

天狗❷，登場（天狗❶と同様なかたちで）。花が咲く。

（以下略）

　この後の展開は，村の男の子たちが，みんなしておじいさんのイモ掘りを手伝っていると，天狗❸が登場。花が咲きます。それぞれの場面で「天狗のテーマ」「お百姓のテーマ」「花咲き山のうた」などを挿入します。
　ラストはみんな総出で，こんどは村まつりの太鼓をたたき，踊りながら盛り上がります。
　みんなで「花咲き高尾山のうた」を合唱してエンディングです。

　「まつりばやし」の場面で，太鼓とかけあいながら，みんなで身ぶり手ぶりで踊る，
　　「でぐすこ　ばぐすこ
　　すかかご　ひょうろ
　　でぐすこ　ばぐすこ
　　すかかご　ひょうろ
　　まつりだ　まつりだ
　　ほいさっさー」
というかけ声は，楽しくて盛り上がります。（このかけ声はS先生の作です。）

　作詞・作曲もみんなで取り組みました。

先生へのアドバイス

行事に表現の楽しさを

あなたの学校では，学芸会や展覧会などの直前２週間ほどが，正規の授業をつぶした「練習」や「製作」のオンパレードになっていませんか？
運動会の前でも，そうした傾向は何十年来，変わっていないかも。しかし…

● **学芸会の前はアクタースクール？**

「ほら！もっと大きな声で！」「突っ立ったまま，セリフ言ったってダメでしょ！」
先生の大声がひびきます。
セリフを言うとき，どういうわけか「大きな○○」のとき，子どもたちは両手を広げて，輪をかくようなしぐさで言います。（先生がそうしろと身ぶりまでして教えるからですね。）
セリフ１つしか出番のない子が飽きて騒ぐと，また大声でしかられてしまう。──こんな学芸会（学習発表会）の練習風景は，全国どの学校にも見られます。
「これでいいのかな？」という疑問は出ないのでしょうか。

● **展覧会後１カ月は図工なし?!**

展覧会へ向けての作品づくりでも同様なことが見られます。「展覧会の前は，芸大付属小学校ね」という自嘲ぎみなジョークが出ることもありました。
１日ぶっとおしで図工をやっていたのだから，展覧会が終了したら１カ月分の図工の時間はなし，勉強の遅れをとりもどさなきゃ──

という事態になってしまうのです。
　これでは図工の好きな子どもにとっても、たまりません。
　だいたい、これらの学芸的行事はなんのために取り組むのでしょうか？　この目的のところがすっ飛んでしまって、展覧会があるから……、学芸会があるから……、当日までになんとかカッコつけるように仕上げなきゃ！　ということになってしまうのです。

●先生のクラスがいちばんダメなの！

　運動会でやる表現のダンス練習に、学年全体として取り組んでいるときのことです。中心になって指導いただいていた女性の先生の、大声の「叱咤激励」型指導に、「先生、あと運動会までの3日間は、しからずにほめほめ作戦でいきましょうよ」と言ったら、タイトルのようなことばが大声で返ってきました。
　「そんなに言わなくても、ほめれば子どもはもっと楽しく、そして、うまくいきますよ」というのが私の言いたいことなのですが……。（もちろん当日は、私のクラスの子どもたちも「落ちこぼれる」ことなく、やれました。）

●楽しさと創造性を大事に

　この本で紹介した「花咲き高尾山」は、八王子養護学校の「文化祭」で観た、障害を持つ子どもたち用に創作された劇を改作させていただき、2年生用にしました。
　「まるごと小学1年生学級担任BOOK」で紹介した劇も、私のクラスの1年生向きに、私が子どもたちに合わせて創ったものです。
　すでにあるシナリオによる劇だけでなく、もっともっと楽しさの要素を持った創作劇にも、挑戦しようではありませんか。
　作曲もけっこうおもしろいですよ。作曲能力のない人も、「♪ルルルールー……という感じ」を、音楽の先生に採譜してもらえば、だいじょうぶです。

すぐ役立つ紙あそび

いもむし（尺とり虫）と平泳ぎ選手

● つくり方とあそび方

折り紙か上質紙に右下の図を印刷します。
各々を切りとって

①Cで2つに折る。

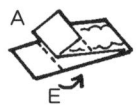

②AとEを上下に折る。

③1度のばしてBとDを折る。
横から見ると図のように山形になる。

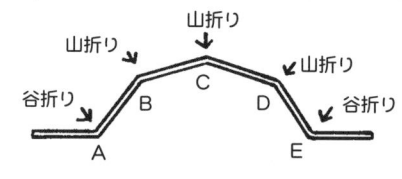

山折り　山折り　山折り
谷折り　B　C　D　谷折り
A　　　　　　　E

フッフッと弱く吹く

吹くのはこの面

④図のように山形に机の上に置き，「フッフッ」とストローで弱めに吹くと，いもむしさんや水泳選手がユーモラスに進む。

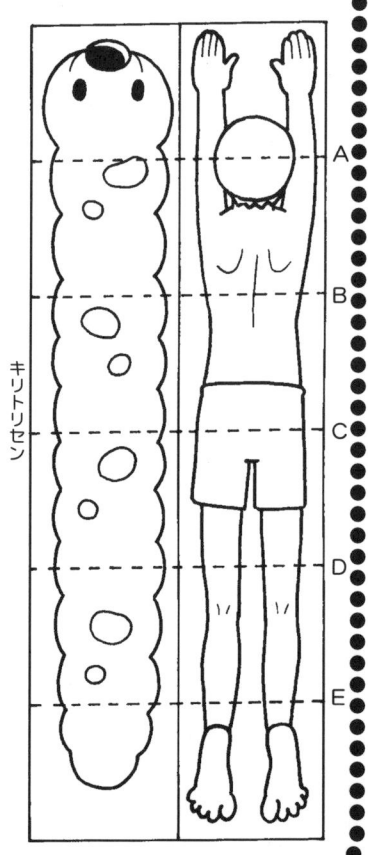

キリトリセン

A
B
C
D
E

楽しい行事づくり

134

学年PTAの活動を楽しく

「PTA」ってなんの頭文字？ときくのがおかしいくらいですが（もちろん親P・先生T・組織A），多くの学校で「PPA」になっている，とさえ皮肉られる状況があります。つまり，先生はお義理で参加，というわけです。

　親……とりわけお母さんたちのエネルギーを活かして，子育ての専門家であるはずの先生が協力すれば，本当に中身のある子育てネットワークができると思います。

　親の協力（むしろ共にという意味では共力）なしには，学級づくりも授業づくりも，成果をあげられないと言ってよいでしょう。

　「あーあ，あしたは授業参観（あるいは保護者会）か……」としないかまえが，教師にも，どうしても必要です。

　子どもを育てる仕事は，大人たちの仕事であり，未来を託す大きな事業なのですから……。

お母さんがつくった学年新聞

お母さんたちのエネルギー発揮

　2年生の学級の委員さんをやってくださることになったお母さんたち。そのエネルギーはたいしたもの。さっそく「2年学年新聞」が発行されました。

　タイトルも，3人の担任の先生から1文字ずつとって「花・雲・海」とはシャレています。

　編集もプロ級の腕前で，内容もたいしたものです。

学年PTAの活動を楽しく

まかしといて！

特集やアンケート記事も

11月号の裏面は「広場『花・雲・海』」コーナーで，帰国子女のお母さんへのインタビュー記事。他に特別付録として「おこずかい」アンケート集約記事もありました。

「イラストもプロ級。」

「いいこと書いてあるわ。」

「なるほどね。」

3人の担任の先生の協力を得て編集にあたる9人のお母さんたちは，大奮闘です。

学年PTAの活動を楽しく

先生もみずからの子育て経験を

2年学生新聞「花・雲・海」の創刊号には，担任の先生3人と，2年付の嘱託教員である私も，記事を載せてもらいました。

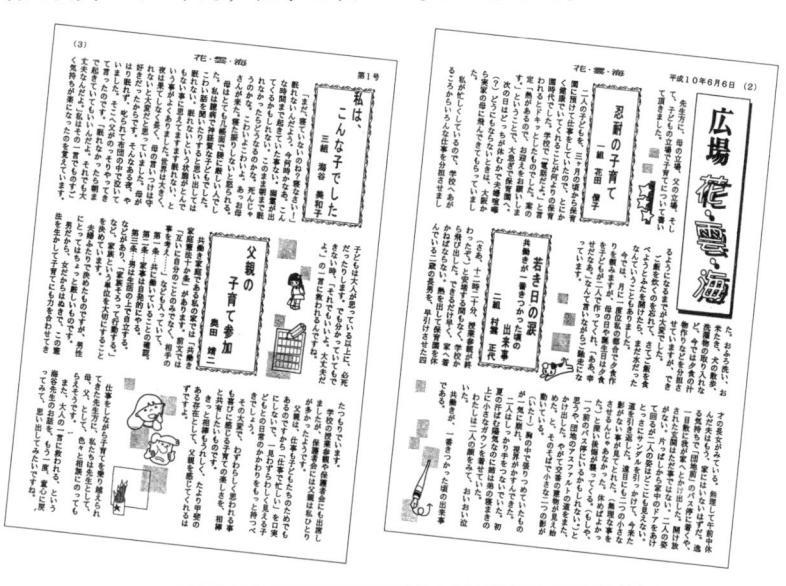

行動力はバツグン

2学期の保護者会では，「子育てにあたって注意すべき20ヶ条」が「保護者会資料」として配られました。これは，ある先生が参加して共感を受けた大学教員の講演の資料を引用したものです。

「こんどは母親教室を開いてほしいわ。」

気軽に語れる保護者会づくり

保護者会は，ぜひたくさんの保護者に参加していただき，「参加してよかった」という声の出るように工夫したいものです。

保護者会の進行は

❶「プリント朗読」保護者会はだめ

仕事を休んでくる親もいます。「プリントを説明するだけ」のような保護者会はさけましょう。

夏休みの暮らしについては，お渡ししたプリントにありますから……。

★プリントの内容は，ポイントだけを短く説明。

❷出席者の発言をうながす進行を

どうですか，健太くんのお家でのようすは？

うちでもいたずらっ子で……

うちではオヤツは……

学年PTAの活動を楽しく

❸保護者会に毎回「テーマ」を

「テーマ」にあたるものを決めるのもよいですね。(おこずかいについて，家庭学習について，テレビゲームについて……)

> テレビゲームばかりするのですが……

❹親と同じ目線が大事

> お宅では，いったいどういう育て方をしておられるの？
> こんどの家庭訪問では，お子さんについてはたくさんお話しすることがありますね！

こういう担任のことばはタブーですね。

❺自分の子育て失敗談もまじえて

子どもたちは未熟であって当然ですし，親御さんにもまだまだ未熟な部分もあります。もちろん自分の子中心的な面も持っています。

子どもの言ったことをそのまま真に受けて担任を非難するようなことも……。

> 先生のお子さんでも…ホホホ。

> うちの子だって，この間もこんなことが……

> あのお母さん，ちょっとあせってるのね。

> 安心したわ。

学年PTAの活動を楽しく

❻ともに考える立場から

「子育てはこうすべき……」「こんな親では,子どもがダメになる……」といった,上から押さえつけるように感じられる姿勢でなく,ともに子育てを……という視点で。

子どもたちのマイナス面だけを見て,指摘する保護者会にしないようにしましょう。

❼父親の参加もうながして

とくに低学年では,母親のみの保護者会になりがちですが,父親が参加できるように工夫しましょう。

お父さんたちにもお話ししたいことがありますから,ぜひ,どうぞ!

参観のあとに保護者会をもちます。

学年PTAの活動を楽しく

●●● 資料の準備もおこたりなし ●●●

❶今学期の勉強のポイント

各教科の大切なところを書き抜いて。

> うちの子のことがたくさんあるわ……

> あら，うちでも気をつけなくちゃ。

❷話し合いの土台になるものを

> 保護者会とはべつに，「母親学級」（お母さん勉強会）や「教育を語るつどい」などに，少人数でもいいですから，取り組んでみませんか。

学年PTAの活動を楽しく

話題の要目は前日までに

保護者会のレジメは，前日までに，学級通信などで届けておきます。
(こんなことを話し合いたいのです，という要目を。)

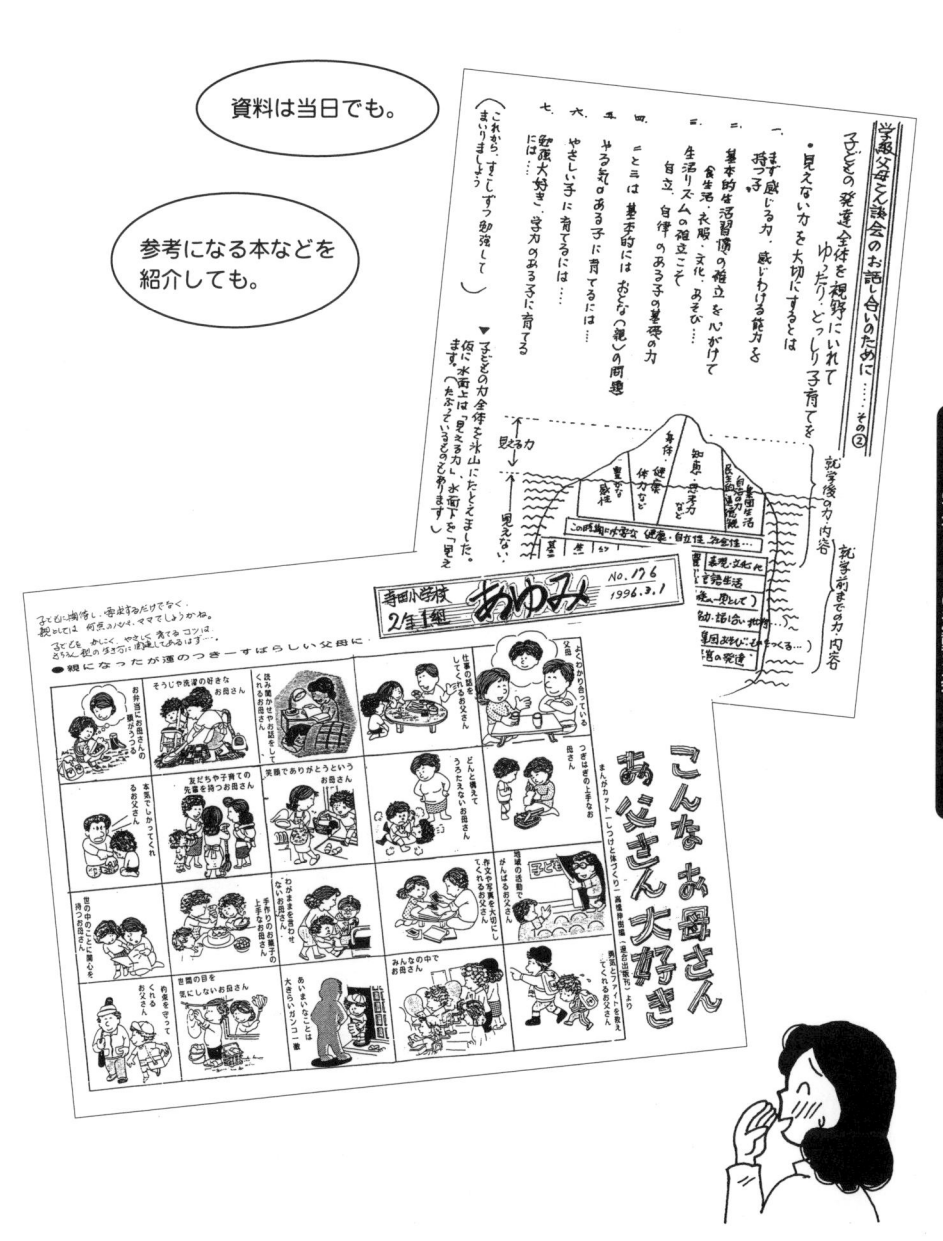

- 資料は当日でも。
- 参考になる本などを紹介しても。

学年PTAの活動を楽しく

学級通信にも保護者の意見を

「学級通信を活かした学級づくり・授業づくり」の章でもふれたように，「らくがきカード」や記念号への投稿など，保護者のみなさんにどんどん書いてもらいましょう。

先生へのアドバイス

保護者会を楽しく

保護者会を苦手と感じておられる方も多いようですが，保護者会は，
①担任を保護者にわかってもらうチャンス
②子どもたちの学校生活のようすをわかってもらうチャンス
③自分が「教える」「突き上げられる」場ではなく，共通の視点で話せるチャンスなのですから，リラックスして，取り組みましょう。

学級や子どもたちのことでうまくいかない悩みも出して…

もちろん，親に不安を与えるような，自信なさげに「どうしてよいか，わからない」という話し方ではなく，「〜という状況もありますが，お母さん，お父さん方にもご協力いただいて……」という謙虚な，誠実な姿勢で……。

しかし，基調は明るく，ふだんの自分の個性を出して，ありのままに──。

学年PTAの活動を楽しく

おかあさんたちのエネルギーを味方に

すべて担任の先生が取り仕切るのではなく，司会もできればお母さんにお願いできればいいですね。(事前にお願い・打ち合わせを。)

学年新聞の項でご紹介したように，お母さんたちにはやる気があります。あのようにりっぱなものでなくても，「PTA学年新聞」をつくってみませんか。

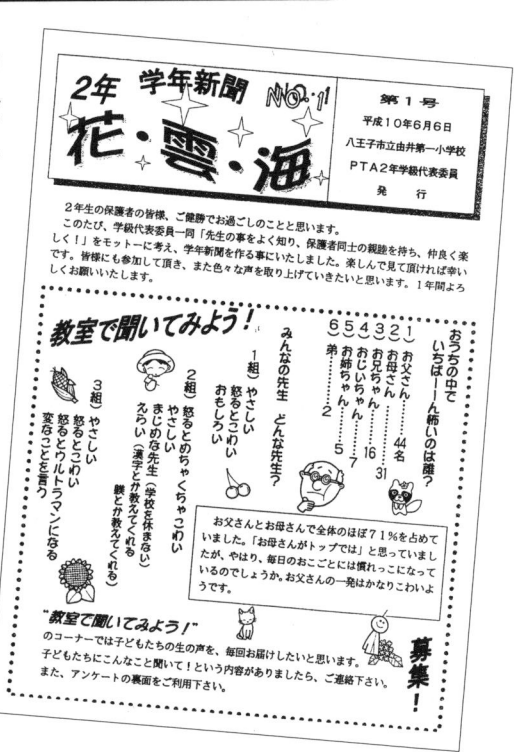

学年PTAの活動を楽しく

何でも話せる仲をめざして

たとえば，連絡ノートの交換もさかんにして，何でも言い合える雰囲気をつくることが大切です。

いや，どうも……。

ラストアドバイス

2年生でも，生活科をはじめ，多彩な取り組みがありますね。九九，くり下がりなど基本の学習も，とても重要です。ですから，なおのこと「勉強って楽しいな！」という感動のある学習と学級づくりをしたいものです。

••• 課題は山積みですが •••

「はじめに」でも書いたように，小学2年生の子どもたちの上にも，現代の教育と子育てにかかわる重大・深刻な状況があります。

ある日の休み時間，養護の先生が，

「3組の○○ちゃん，ちょっと不登校ぎみで，いまも頭痛いとかで保健室にいるんですけど，先生，いまマジックの道具お持ちですか？ ちょっとお願いできますか」と言うのです。

私のマジックの腕前はよくご存知で，それが「お薬」以上に効果のあることもご承知ですから，そういう「依頼」になったのでしょう。

すぐ保健室に行き，

「やあ，○○ちゃん，どこか調子悪いの？ お熱は……」

と手を当てようとすると，もう○○ちゃんから，

「なにか手品して……」

とのリクエストです。(○○ちゃんも，前に補教で来た私のマジックは知っているからです。)

さっそく，ちょいちょいとやってあげると，

「あー，わかった！ かして，かして！」

と笑顔になり，休み時間が終わるころにはニコニコ顔で教室へ帰っていって，担任の先生にも感謝されました。

おもねるのではなく、楽しさを共有して

「子どもたちにとっても，先生たちにとっても学校は楽しいところであってはいけないのだろうか」とは，山田洋次監督の「学校」という映画の呼びかけにあったことばでした。

教師にとっても，月曜日にいそいそとした気持ちで登校できるような学校，子どもとともに学び，あそぶことが，みずからも楽しくてしかたないような学校をつくりたいものですね。

いや，まず，そういう教師にこそなりたいものです。

ところが，最近は教師自身が疲れはてて，休み時間にグランドへ出る余裕もないという実態があります。

ここはひとつ，1カ月にいちどでも，校庭に出てみようではありませんか。そこから始めて，子どもとともにいる楽しさを味わいたいものです。

教育は、もともと楽しくすてきな仕事

「青雲の志」を抱いて，新任教師となったころを思い出しましょう。子どもたちと同じレベルになって，いっしょに遊んだことも……。

不登校だの，学級崩壊だの，私たちも頭の痛くなるような，子どもたちの現象を嘆いたり，ため息をついて「明日はわが身かも……」とおびえていないで，まず子どもたちと学校生活の楽しさをまるごと共有したいものです。

小学2年生のエネルギーに満ちあふれた子どもたちですから，「やんちゃ坊主」も「心を病む」子どもも，まだ決定的に「困った状態」になるまでに，教師の「打つ手」はいくらもあります。

もちろん対症療法的な「打つ手」は本道ではなくて，担任の教師が「子どもの心を受けとめ，共感できる心」を持つことが第一に必要なことです。

子どもをただ、しかるのではなく

　子どもは未熟であって当然です。いたずらも忘れものも，そうじをさぼってしまうのも……。それは教師からしかられる対象ではなく，さとされ，教えられる対象です。

　まして，2年生で学ぶべき学習の理解が遅いなどということは，しかりつけたり，「何度言ったらわかるの！」と「指導」するものではありません。子どもだって，やさしい笑顔とはげましの中で学ぶ権利があるんです。

　半べそをかきながら「やらされる」勉強では，子どもでなくとも学校は「行きたくない」，魅力のないところになってしまいます。

　「子どもたちがわかるように教える」ことは，まさに教師の仕事そのものなのです。それでお給料をいだだいているのです。

親と手をつないで子育ての支援を

　もちろん子どもたちの変容という側面もありますから，そう毎日ニコニコしてはおれない現実があります。

　親の変容もあり，教師は昔のように「先生，先生」と「尊敬」される立場ではなく，教師批判もきびしくなっています。もちろん的外れの非難もあります。

　しかし，それを「近ごろの親は……」とグチるのではなく，そういう親のみなさんの，その背後にある願い——子どもをきちんと育てたいという願いを共通の課題として，ともに考えあう立場に立つことは大切です。

　問題をはらんだ子どもたちの背景には，家庭の状況が大きく存在していることもありますから，そうした場合は，とりわけ学校や先生が「敷居の高い」存在ではなく，「頼りがいのある」「相談してみたくなる」存在となれるよう，私たちの努力が必要でしょう。

ラストアドバイス

まず民主的な職場であること

　教師が生き生きとできる，働きがいのある職場でなかったら，私たちの力は半分も出せません。

　ベテランも若手も，明るくなんでも語り合え，実践の知恵を交換しあえる職場であることは，とりわけ重要です。

　そして，管理職の立場にある人も，文字どおり「管理」するだけではなく，学校の教育の責任者として，教育実践の先輩やリーダーとしての力を発揮し，「頼れる」存在となるよう努力してほしいものです。

子どものしあわせを願って

　「条件が悪いせいで，よい実践ができない」のではなく，私たち1人ひとりの教師が，クラスの，そして学校中の子どもたち，地域の子どもたちのしあわせを願って，教育の専門家としての力を発揮できれば，なんとしあわせなことでしょう。

　ある校長先生は「小学校を笑学校にしよう」と提唱されています。笑いと歌声のあふれる学校です。

　日本中に，そうした「笑学校」の増えることを願って……。

ラストアドバイス

★この本の内容にかんするお問い合わせは，遠慮なく著者までお寄せください。

〒193-0811　東京都八王子市高尾町1989-1　奥田靖二
電話&FAX　0426-61-3905

増補編

若い先生たちへのアドバイス

保護者の信頼を得る教師となるために

「若い先生」は，子どもたちに期待され喜ばれる存在であると同時に，保護者からは期待の半面「若くて大丈夫かしら…？」という心配も持たれる場合があります。

「若くてよい先生」となるために

担任となった第一印象は，最初の「学級だより」から保護者が「評価」する場合もありますから，よく準備をして出すよう心がけます。いわば「あいさつ」に当たる文章の中に，「若さとファイトでがんばる」といった印象が伝わるようにしたいものです。

最初の保護者会も大切です。

保護者会で注意すること

この場での印象は特に大事です。そのために以下のことに注意しましょう。

①きちんと準備された会にする。

話しあう内容の柱を前日までにプリント（学級通信など）で伝えて参加してもらうよううながしておく。

<例>
明日の保護者会でのお話し合いのために
1.子どもたちの学級でのようす
2.今，勉強している学習内容のポイント
3.家庭学習のすすめ方について
4.その他

　当日が授業参観とセットでもたれる場合は，今日の授業の要点と，子どもたちに理解してほしかったことなどを保護者のみなさんにもプリントすると喜ばれます。
　学習内容については，最近のテストなどの具体的な内容で子どもたちがどういうところで理解不充分かなどを解説できるようにしておきます（資料をパネルで示すのも効果的です）。

②「頼りなさ」を感じさせるのではなく，さわやかなイメージで。
　「まだ教師として未熟ですから…」「経験不足で子どもたちのことがよく把握できなくて…」などの「言い訳」や「謙虚」さは前面に出さないように気をつけましょう。
　一見，子どもたちの指導で困難さが生じている場合でも，「保護者のみなさんのお力をお借りして頑張ります」という態度で「ご支援をよろしく，若さでがんばります」と明るいイメージで話すようにしましょう。

すぐ役立つ資料集

　日ごろ忙しい現場にあって,「すぐ役立つ」教材は魅力的です。「そのまま拡大コピーして」使える資料をいろいろ現場のニーズにこたえてつくってみました。
　ここで紹介するものは2年生のみならず各学年どこでも活用できます。

・この本の1ページ分は200％の拡大でB4版大の大きさになります。
・使い方はそれぞれの資料に沿って, 子どもたちに指示をしてお使いください。

低学年の基礎・基本とあわせて

　なお,「まるごと小学校1年生学級担任BOOK増補新装版」とあわせて活用していただくと, トータルに指導のポイントがわかり, さらに幅広い実践資料として役立てていただけるものと思います。
　この本の本編の中でも「みんなでやろう花クイズ」(p.115)「鳥クイズ」(p.116)「家族と遊ぶ」(p.117)や, p.142〜143の資料など, そのままコピーしたり拡大コピーしたりして学級だよりや保護者会資料として活用することができます。

ぞうさんのパーティ参加は？
「マジックドア」のあそび方

「いらっしゃい！」とかかれた家に，動物さんたちが集ってきていますね。みんなニコニコ笑っています。

おや？　ひとりだけ笑っていない動物さんがいますね。

「ぞうさんだ！」

どうしてかな？

「体が大きくてドアから入れないんだあ！」

そうだね。では，ちょっとドアをあけてみてください。（子どもにドアをつまんであけてもらう）

おや，もうお部屋にはケーキも用意されていますよ。

では，このドアをあなたは持ったままにしておいてくださいね。私が魔法をかけます。「チチンプイプイのプイ……」

おやー！？　ぞうさんはパーティ会場に入ることができましたよ!!　よかったね。

増補編

「マジックドア」のつくり方とあそび方

① p.158とp.159の絵を拡大コピー（200%）して，裏同士をのりで貼りあわせる（まずドアとドアをぴったり重ねてからのりづけ）。ドアの部分は全体に，あとは回りのみにのりづけする（紙は上質紙がよい）。

② 色を塗る。A面（家の前）は，ドアとぞうさんだけに塗る（色えんぴつやカラーペンで）。

B面（パーティ会場）は，展開を劇的にするため全体に塗る。

③ ドア部分の点線部分はカッターで切り，ドアが開くようにする（逆コの字形）。

④ 切ったタテのドアの線にそって折る。

⑤ ドアの幅でじゃばら折りをする。

⑥ ドアをあけて裏のケーキが見えれば正しい折り方。

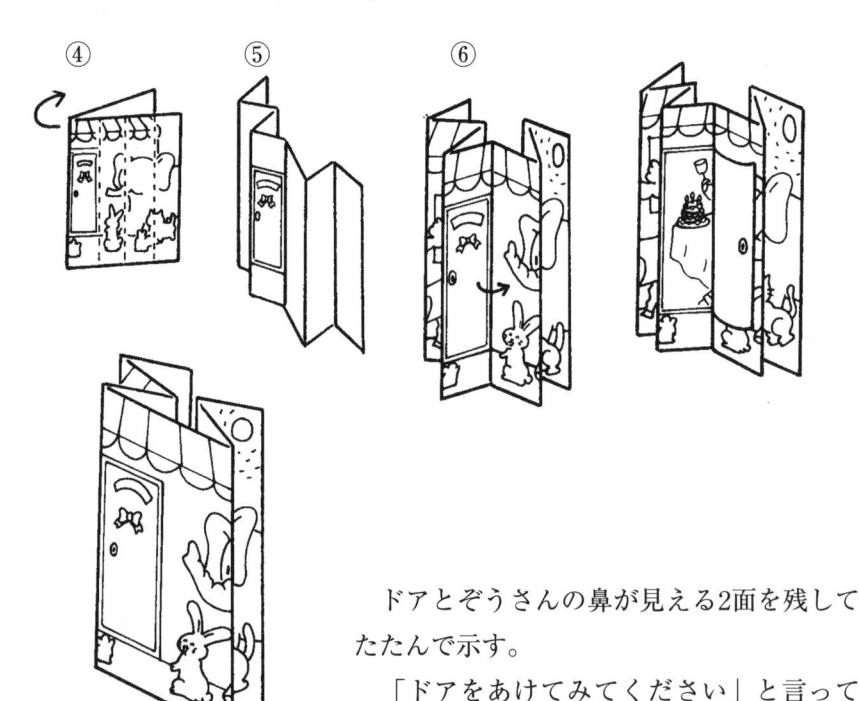

ドアとぞうさんの鼻が見える2面を残してたたんで示す。

「ドアをあけてみてください」と言ってつまんでもらう。

⑦ドアはつまんだままにして……

ドアの上の切りこみに沿って折る

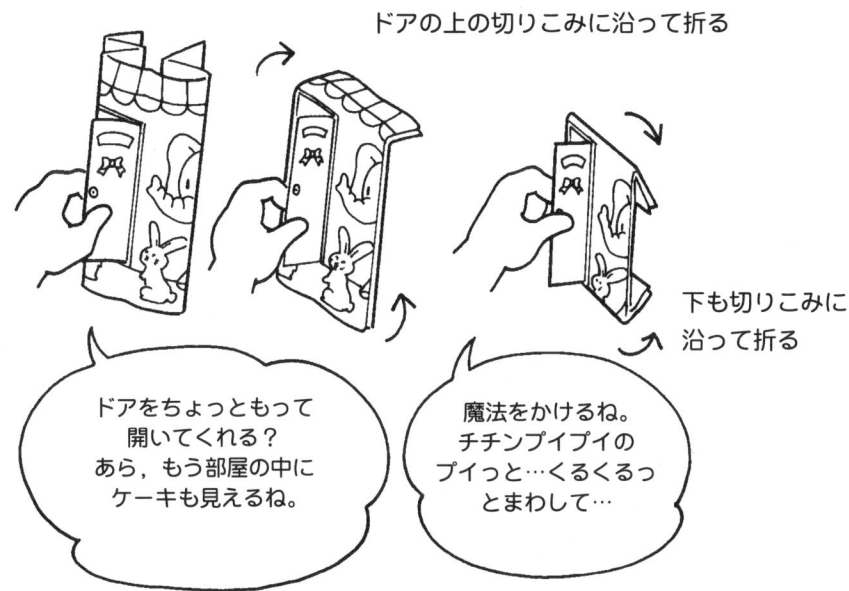

下も切りこみに沿って折る

> ドアをちょっともって開いてくれる？
> あら、もう部屋の中にケーキも見えるね。

> 魔法をかけるね。
> チチンプイプイの
> プイっと…くるくるっとまわして…

⑧ 手前（演じ手）から見て，右半分を左に重ねて折ると

← ドア

ドアは持ってもらったまま

ケーキの面が見える

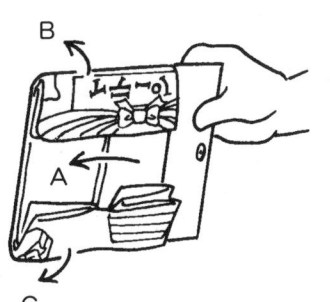

⑨ さらに左へ回転させるように開く（Aの方向へ）。そしてBとCの上下をほどくように開いていくと…

「ほら、ぞうさんが無事にパーティ会場に入れました!!」
「おたんじょう日おめでとう！」になる。

増補編

157

増補編

増補編

消えたケーキはどこへ？

あれー！？　つくえの上にあったケーキがどこかに消えてしまいます。
だれかがこっそり食べたかな？

つくり方

①次ページの絵をコピーして(少し大きくしてもよい)，画用紙に印刷する。
②まん中の絵(4枚が連なっている)に，色えんぴつやカラーペンで色を塗る。
　回りの絵は，裏がえした時に効果的に見せるため塗らないでおく。
③それぞれ切りとって，同じ形2枚ずつを貼りあわせる。
④カラーの絵の面で元の絵をつくる。

「さあ，おいしそうなケーキですが，ちょっと裏にかえして，同じような
絵をつくってください」
「あれー！ケーキはどこに行ったの！？」
「まん中に穴があいてしまってるよ！？」

③そしてカラーの絵4ピースを裏がえして，
同じデザインの白黒版にすると……
あらふしぎ！

7パズルカードで算数あそび

あそび方

①次ページの絵を拡大して画用紙に印刷する。
②6角の形に7枚を切りとる。
③どれか1枚を中心にして下の図のようにならべ，となりあう数字2つの和がすべて7になるようにならべてみよう。
　となりあう△の数字すべてとなると，ちょっとむずかしいかも……。

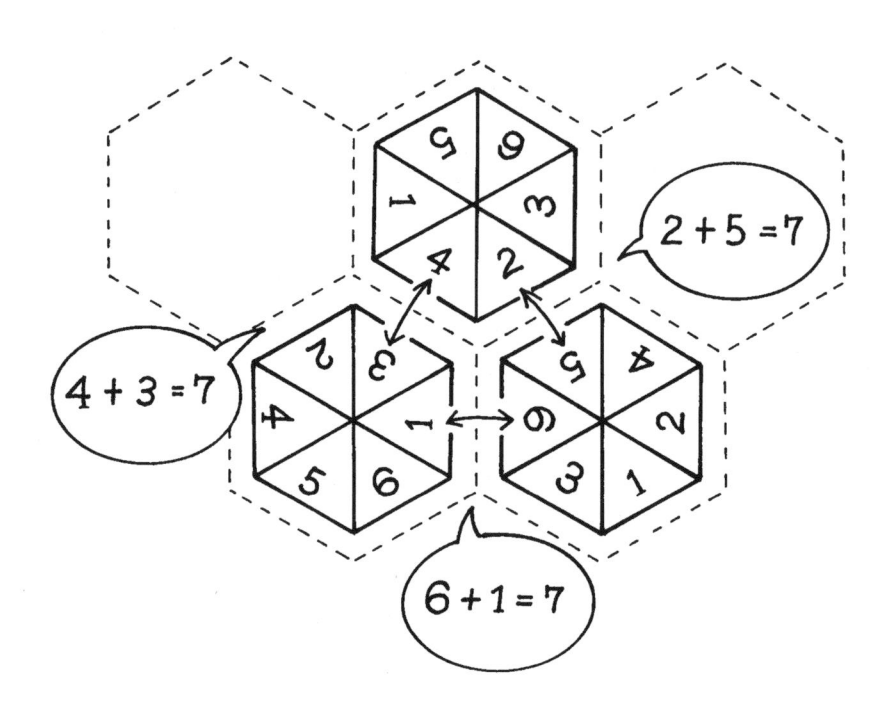

セブンパズル

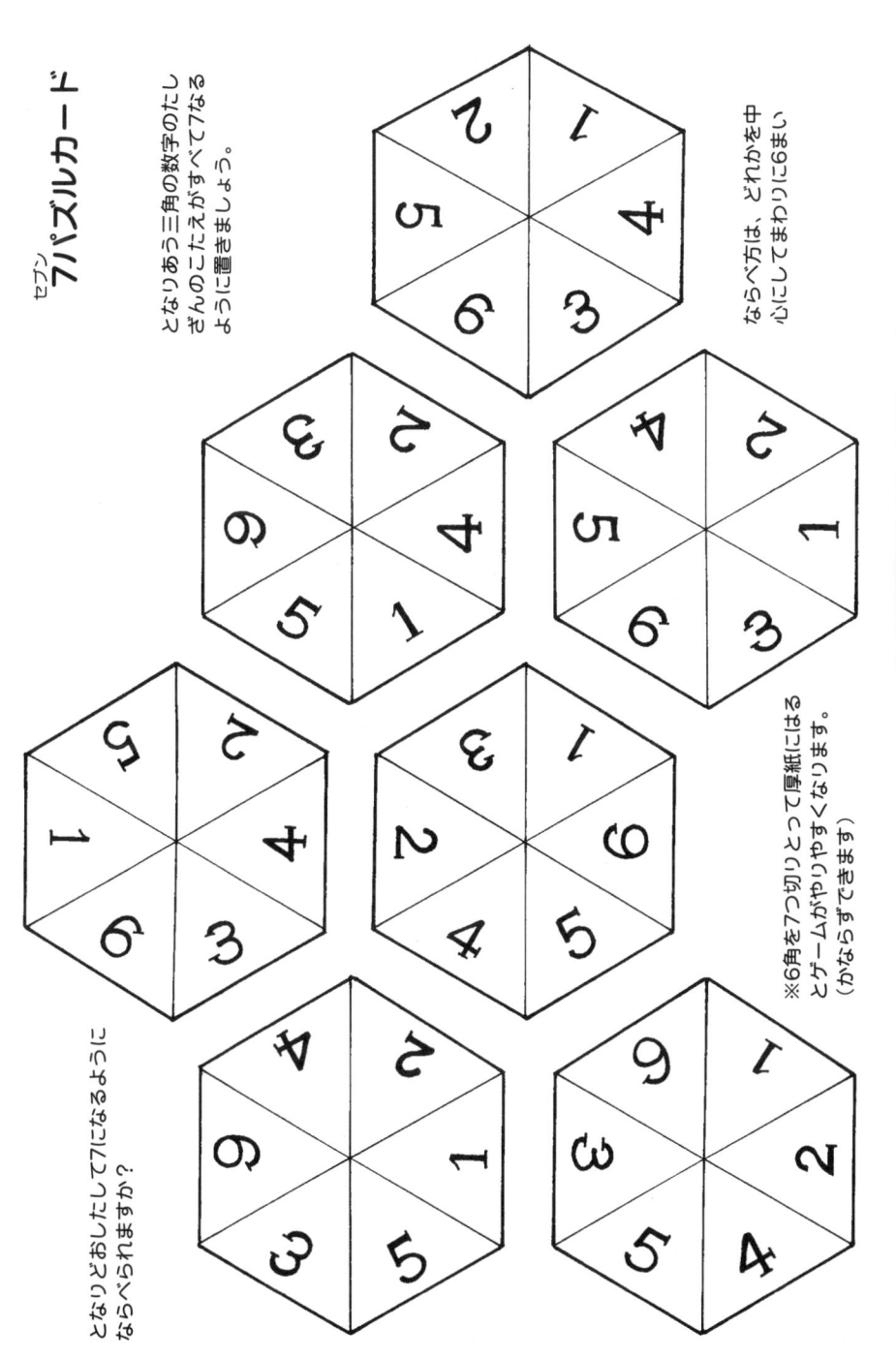

となりあう三角の数字のたしざんのこたえがすべて7になるように置きましょう。

ならべ方は、どれかを中心にしてまわりに6まいならべます。

※6角を7つ切りとって画用紙にはるとゲームがやりやすくなります。（かならずこのままで6まとまらずでも）

どこをおしたててこになるようにならべられますか？

くみ紙ヘリコプターと クルクルうさぎをつくろう

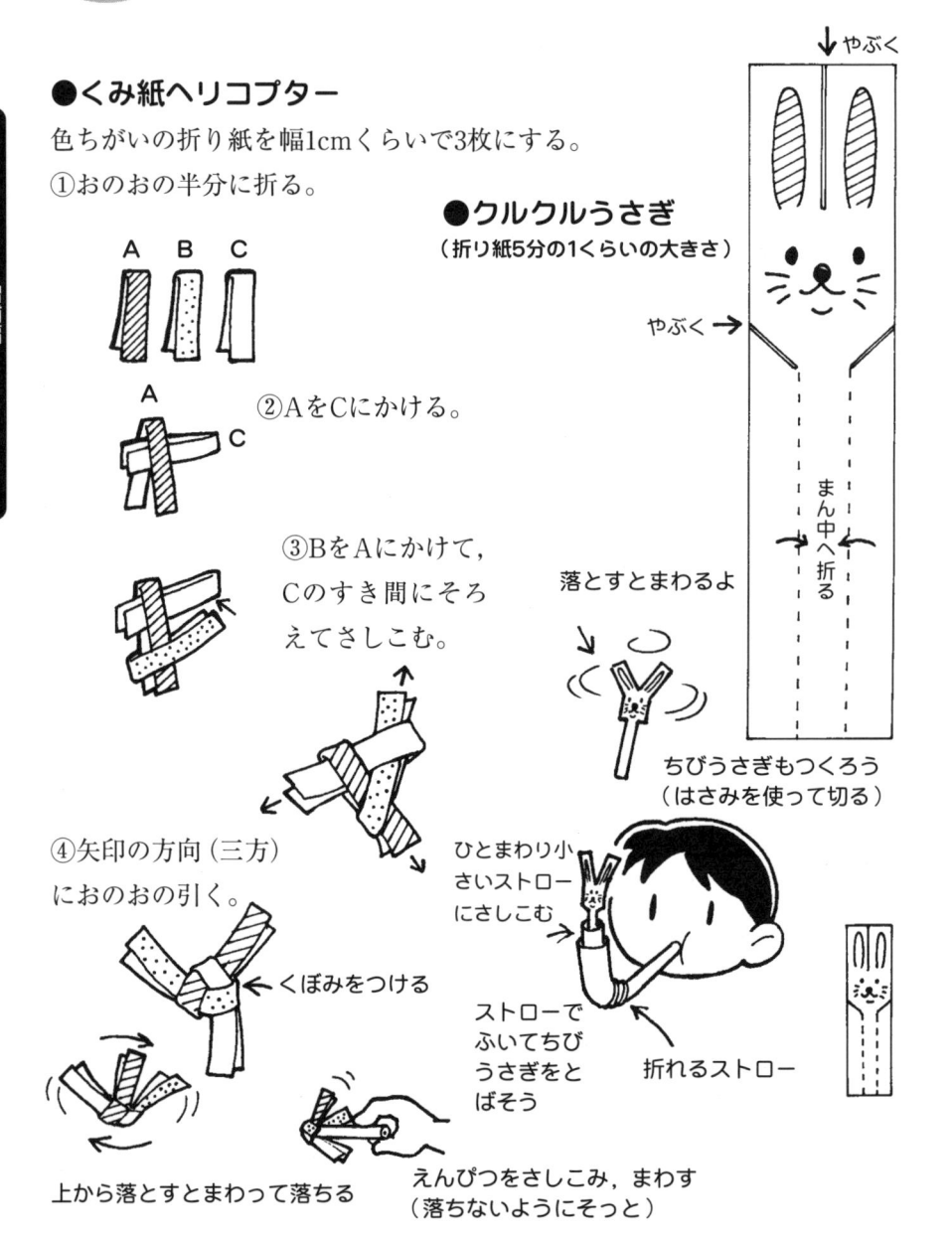

●くみ紙ヘリコプター

色ちがいの折り紙を幅1cmくらいで3枚にする。

①おのおの半分に折る。

A B C

②AをCにかける。

③BをAにかけて、Cのすき間にそろえてさしこむ。

④矢印の方向（三方）におのおの引く。

←くぼみをつける

上から落とすとまわって落ちる

●クルクルうさぎ
（折り紙5分の1くらいの大きさ）

↓やぶく

やぶく→

まん中へ折る

落とすとまわるよ

ちびうさぎもつくろう
（はさみを使って切る）

ひとまわり小さいストローにさしこむ

ストローでふいてちびうさぎをとばそう

折れるストロー

えんぴつをさしこみ、まわす
（落ちないようにそっと）

花咲き高尾山

　本書p.128「学芸会」のとりくみでうたう「花咲き高尾山」のテーマソング楽譜です。
　作曲は，この劇にとりくんでくださった学校の山田義守先生です。
　その他の挿入歌もおつくりくださるといいですね。
　みなさんの地域で「花咲き○○山」として実在の山の名にして改作し，続きも自由に展開して楽しい劇に仕上げていただくといいと思います。(地域により歌詞の一部を変えてくださってけっこうです)

増補編

お山のうた

作詞　奥田靖二　作曲　山田義守

本書は、1999年3月小社より刊行されたものの増補新装版です。

編著者紹介
●
奥田靖二 （おくだ　やすじ）

元東京都八王子市立寺田小学校教諭
子どもの文化研究所所員　新しい絵の会会員
著書
『みんなで遊ぼう12ヵ月　全校・学年集会ランド』
『新任教師ファーストブック　はじめての仕事と心得』
『学級担任のための遊びの便利帳』
『つまずき解消！クイック絵画上達法』
『つまずき解消！学級づくり上達法』（以上、いかだ社）
『学校イベント遊び・ゲーム集』全3巻（教育画劇）など

イラスト（あいうえお順）●
今井亜美／岩崎美紀／上田泰子／遠田雪代／桜木恵美／早川由美子／藤田章子
楽譜制作●泉辰則
編集協力●中小路寛
ブックデザイン●渡辺美知子デザイン室

[増補新装版] まるごと小学校2年生学級担任BOOK

2009年3月12日第1刷発行

編著者●奥田靖二©
発行人●新沼光太郎
発行所●株式会社いかだ社
〒102-0072 東京都千代田区飯田橋2-4-10 加島ビル
Tel. 03-3234-5365　　Fax.03-3234-5308
振替・00130-2-572993
印刷・製本　株式会社ミツワ

乱丁・落丁の場合はお取り換えいたします。
ISBN978-4-87051-248-1

いつも教師のポケットに 必携！「クイック」シリーズ

学級担任のための遊びの便利帳
遊びが生きる10の場面別ベスト40
奥田靖二編著　1,365円

教室でできるクイックコミュニケーション手品
こんな時にこんなマジックベスト30おまけ1
奥田靖二編著　1,365円

すぐできる！クイック体育遊び＆体ほぐし
楽しい遊びで力が身につくベスト45
黒井信隆編著　1,365円

5分の準備でクイック算数遊び＆パズル
解いてスッキリ！よくわかるベスト42
岩村繁夫・篠田幹男編著　1,365円

教室でできるクイック科学遊び
「ふしぎ」を楽しむ遊び・ゲームベスト44
江川多喜雄編著　1,365円

準備いらずのクイックことば遊び
遊んでおぼえることばと漢字
山口理編著　1,365円

準備いらずのクイック教室遊び
子どもの気持ちをつかむ遊びベスト40プラス4
木村研編著　1,365円

準備いらずのクイック外遊び
空き時間にサッと楽しむ遊びベスト40プラス3
木村研編著　1,365円

教室でできるクイック5分間工作
すぐにつくれてたくさん遊べる！
木村研編著　1,365円

どんぐりハンドブック
観察・工作・遊び
岩藤しおい・岩槻秀明著　1,470円

A5変型判　96～100頁　表示価格は税込